하 루 만 에 만 드 는

첫 번 째
매 듭 팔 찌

하루 만에 만드는
첫 번째 매듭팔찌

—

2016년 7월 01일 1판 1쇄 발행
2018년 5월 10일 1판 2쇄 발행

—

지은이 김유미
펴낸이 이상훈
펴낸곳 책밥
주소 03989 서울시 마포구 동교로 23길 116 3층
전화 번호 070) 7882-2312
팩스 번호 02) 335-6702
홈페이지 www.bookisbab.co.kr
등록 2007.1.31. 제313-2007-126호

—

기획·진행 기획1팀 김난아
디자인 디자인허브 김지선
사진 촬영 박효정(jjicebaby@hanmail.net)

—

ISBN 979-11-86925-06-5 13630
정가 13,000원

책밥은 (주)오렌지페이퍼의 출판 브랜드입니다.

이 도서의 국립중앙도서관 출판예정도서목록(CIP)은 서지정보유통지원시스템 홈페이
지(http://seoji.nl.go.kr)와 국가자료공동목록시스템(http://www.nl.go.kr/kolisnet)에서
이용하실 수 있습니다.(CIP제어번호: CIP2016014793)

하 루 만 에 만 드 는

첫 번 째
xxx
매듭팔찌

김유미 지음

책밥

머리말

《하루 만에 만드는 첫 번째 매듭팔찌》는 핸드메이드 팔찌를 처음 접하거나 팔찌 만들기가 서투른 분을 위한 책입니다. 3줄땋기, 평매듭, 돌려엮기 등 팔찌를 만들 때 가장 많이 사용하는 매듭 방법만을 담았기 때문에 30분에서 1시간 정도만 투자하면 나만의 유니크한 팔찌를 가질 수 있습니다.

계절과 취향에 따라 실, 끈, 가죽 등 다양한 재료로 팔찌를 만들어 보세요. 책에 나온 재료를 따라 써도 좋고, 쓰다 남은 실이나 끈으로 만들어도 좋습니다.

본문에 나온 실, 끈의 길이는 초보자의 눈높이를 고려하여 약간 길게 설정했습니다. 당기는 힘에 의하여 10~20cm 정도 차이가 날 수 있으니 만들면서 본인에게 맞는 길이를 찾길 바랍니다.

핸드메이드 팔찌는 만드는 방법이 같아도 재료에 따라 분위기가 달라지므로 가급적 여러 가지 재료를 사용하길 바랍니다.

이 책이 부디 여러분의 손목을 한층 더 빛나게 만드는 데 도움을 주었으면 좋겠습니다.

김유미

Bracelet's Preface

——— xxx ———

차례

Chapter

1

실로 만드는 데일리 팔찌

X 3색 사선엮기 팔찌   028

X 3색 세로 줄무늬 팔찌   032

X 4색 V엮기 팔찌   036

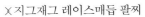

가죽으로 만드는 시크한 팔찌

Preview

——— × × × ———

미리보기

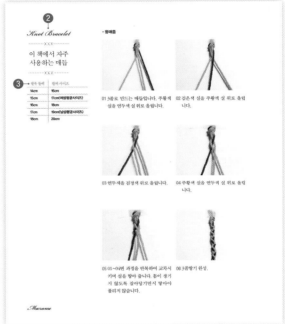

❶ 팔찌를 만들 때 기본적으로 필요한 가위, 자, 실, 끈을 비롯하여 참 장식, 마감장식 등을 소개합니다.

부자재는 온라인, 오프라인으로 구입할 수 있습니다. 최근 팔찌 부자재 를 판매하는 온라인 스토어가 많기 때문에 직접 매장을 방문하지 않아 도 편리하게 구입할 수 있습니다. 만약 오프라인 매장에 방문하고 싶 다면 '동대문재료상가'를 방문하면 됩니다.

❷ 이 책에서 자주 등장하는 6가지 매듭을 정리했습니다. 연습 삼아 매듭을 만들며 원리를 익혀 보세요. 본문에 등장하는 모든 팔찌를 능 숙하게 만들 수 있을 것입니다.

❸ 팔목 둘레에 따라 달라지는 팔찌 사이즈입니다. 팔찌를 만들 때 참 고하길 바랍니다.

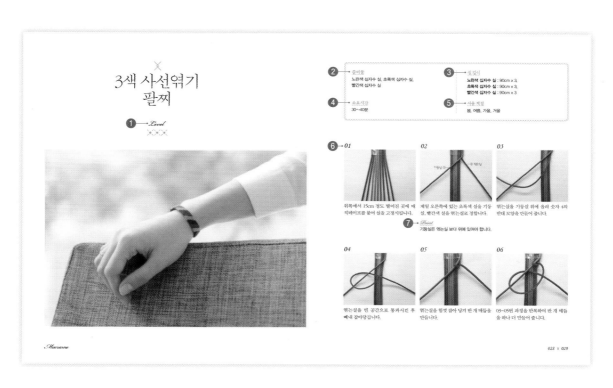

① 팔찌의 난이도를 보여 줍니다. 난이도가 낮으면 ✂이 1개~2개 난이도가 약간 높으면 3개, 조금 더 어렵다면 5개가 부과됩니다. 초보자라면 비교적 쉬운 난이도를 택하여 팔찌 만드는 재미를 붙인 뒤 점차 높은 난이도를 선택하길 바랍니다.

② 각각의 준비물을 보여 줍니다. 본문에 등장하는 색상 외에 취향에 맞는 색상을 선택하면 됩니다.

③ 팔찌를 만드는 데 필요한 실, 끈의 길이를 보여 줍니다. 초보자의 눈높이를 고려하여 길이를 넉넉하게 표기했습니다. 팔찌 만들기에 능숙해진다면 본인에게 맞게 길이를 짧게 조정하기 바랍니다.

④ 팔찌 1개를 만드는 데 걸리는 시간을 보여 줍니다. 초보자의 눈높이를 고려하여 시간을 넉넉하게 표기하였습니다. 팔찌 만들기에 능숙해질수록 소요 시간은 점점 짧아질 것입니다.

⑤ 팔찌 색상에 따라 착용하면 좋은 계절을 보여 줍니다. 십자수 실, 나일론 실, 면끈과 같은 재료는 4계절 내내 착용할 수 있습니다. 햄프 끈, 가죽끈은 물에 닿으면 쉽게 끊어질 수 있으므로 수영장, 바다 등은 피하길 바랍니다.

⑥ 팔찌를 만드는 데 필요한 과정 설명입니다. 과정 사진과 설명을 보고 차근차근 팔찌를 만들어 보세요.

⑦ 팔찌 만드는 데 참고하면 좋은 내용을 포인트로 실었습니다.

Bracelet's Preface

——— xxx ———

준비물

① 마감장식

다 만든 팔찌는 고리에 끈을 끼워 착용하는데, 이때 고리에서 끈이 빠져나가지 않도록 막아주는 게 마감장식입니다. 여러 가지 모양과 크기를 가진 마감장식이 있으며, 사진에 있는 것은 주로 가죽끈으로 만든 팔찌에 사용하는 마감장식입니다.

② 큰 우드 참장식

나무로 만든 참장식은 매듭 사이에 끼워 넣어 장식 효과를 보여주거나 마감장식으로 사용할 수 있습니다.

③ 함사 참장식

함사 참장식은 행운을 불러온다는 설이 있어 많이 이용하는 참장식입니다. 끈을 끼울 수 있는 구멍이 4개나 있기 때문에 다양한 매듭을 사용하여 팔찌를 만들 수 있습니다.

④ 작은 우드 참장식

작은 우드 참장식은 나무에 염색을 해서 만든 참장식입니다. 크기가 아주 작고 구멍이 좁으므로 가는 실이나 끈을 사용해야 합니다. 다양한 색상을 구입할 수 있기 때문에 심플한 팔찌를 만들 때 포인트로 사용하면 좋습니다.

⑤ 크리스털, 진주

비교적 가격도 저렴하고 구하기도 쉬울뿐더러 다양한 색상을 가지고 있기 때문에 여러 방면으로 활용할 수 있는 장식입니다

⑥ 고무 참장식

고무로 만든 참장식은 가벼우며 금속 알레르기가 있는 사람이 사용하면 좋은 장식입니다. 하지만 다른 소재로 만든 참장식보다 마모가 빠른 편입니다.

⑦ 이니셜 사각 참장식

이니셜로 메시지를 남기고 싶을 때 사용하면 좋은 장식입니다.

⑧ 이니셜 납작 참장식

이니셜로 메시지를 남기고 싶을 때 사용하면 좋은 장식입니다.

⑨ 큐빅 참장식

참장식 중에 가장 가격이 높습니다. 큐빅 참장식을 고를 때는 크기와 실의 굵기를 잘 확인하여 선택하는 것이 중요합니다.

⑩ 미니 참장식

작은 금속으로 만들어진 참장식입니다. 참장식의 크기가 작을수록 구멍도 작습니다. 따라서 미니 참장식을 구입할 때는 실, 끈의 굵기를 꼭 확인한 후 구입하는 것이 좋습니다.

⑪ 바 참장식

가느다란 나일론끈으로 팔찌를 만들 때 많이 사용합니다. 심플해 보이지만 포인트를 줄 수 있습니다.

⑫ 앤티크 참장식

광이 나지 않는 도금 참장식입니다. 유행을 타지 않으며 남, 여 구분 없이 사용할 수 있습니다. 마감장식으로도 사용할 수 있습니다.

⑬ 실버볼 마감장식

둥근 모양의 실버볼로 마감장식으로 많이 사용합니다.

⑭ 호박 모양 미니 신주볼, ⑮ 사각형 미니 신주볼

가느다란 실이나 끈에 끼워 넣어 팔찌를 장식할 수 있으며 마감장식으로도 사용할 수 있습니다.

❶ 햄프끈

햄프끈은 종이를 돌돌 말아 놓은 것처럼 생겼습니다. 탄성이 거의 없으며 잘 끊어지지 않지만 시간이 지나면 보풀이 생기고 끊어질 수 있습니다. 물에 젖었을 경우에는 충분히 말린 후 착용해야 합니다.

❷ 십자수 실

다양한 색상이 있으며 저렴하고 보풀이나 피부 알레르기가 생기지 않아 팔찌를 만들 때 가장 많이 사용하는 실입니다. 실의 줄 수에 따라 팔찌를 가늘거나 굵게 만들 수 있습니다.

❸ 로프끈

두께감이 있는 끈이며 매듭이 잘 풀릴 수 있습니다. 따라서 팔찌를 다 만든 후 마무리할 때는 꼭 접착제를 발라야 합니다. 남성용 팔찌에 많이 사용하는 끈입니다.

❹ 굵은 나일론끈

가는 나일론끈보다는 두께감이 있어 매듭이 잘 풀릴 수 있습니다. 따라서 팔찌를 다 만든 후 마무리할 때는 꼭 접착제를 발라야 합니다.

❺ 면끈

옅은 광택이 있어 고급스러운 느낌을 살릴 수 있습니다. 가느다란 매듭팔찌를 만들거나 큐빅 참장식을 이용한 팔찌를 만들 때 주로 사용합니다.

❻ 가는 나일론끈

나일론끈은 색상이 다양하고 가격이 저렴합니다. 또한 물에 닿아도 보풀이 생기거나 삭지 않으므로 관리하기 쉽습니다.

❼ 가죽끈

가죽끈으로 만든 팔찌는 물에 젖었을 때 칠이 벗겨지고 삭을 수 있으므로 가급적 바다, 수영장 등과 같은 곳에서는 착용을 금하길 바랍니다. 만약 팔찌가 물에 닿았다면 충분히 말린 후 착용해 주세요. 물기가 남아 있으면 냄새가 날 수 있습니다.

❽ 실크끈

가격이 비싸고 만들 때 올이 풀리지 않게 가장 신경 써야 하는 소재입니다. 색깔이 다양하지 않습니다.

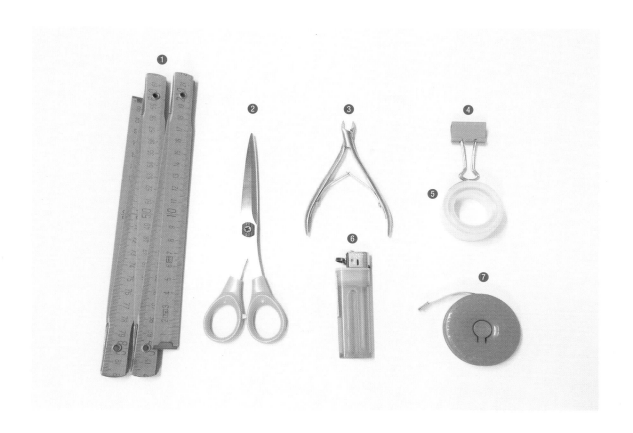

① 자
끈이나 팔찌의 길이를 확인할 때 사용합니다.

② 가위
각종 끈을 자를 때 사용합니다.

③ 니퍼
큐티클 손질용 니퍼입니다. 매듭의 끝부분을 정리할 때 사용합니다.

④ 집게
끈이나 매듭을 고정시킬 때 사용합니다.

⑤ 매직테이프
끈이나 매듭을 고정시킬 때 사용합니다.

⑥ 라이터
면끈, 나일론끈으로 팔찌를 만든 후 마감할 때 사용합니다

⑦ 줄자
끈이나 팔찌의 길이를 확인할 때 사용합니다.

Knot Bracelet

×××

이 책에서 자주
사용하는 매듭

×××

팔목 둘레	팔찌 사이즈
14cm	16cm
15cm	17cm(여성 평균 사이즈)
16cm	18cm
17cm	19cm(남성 평균 사이즈)
18cm	20cm

• 3줄땋기

01 3줄로 만드는 매듭입니다. 주황색 실을 연두색 실 위로 올립니다.

02 검은색 실을 주황색 실 위로 올립니다.

03 연두색 실을 검정색 실 위로 올립니다.

04 주황색 실을 연두색 실 위로 올립니다.

05 01~04번 과정을 반복하여 교차시키며 실을 땋아 줍니다. 틈이 생기지 않도록 잡아당기면서 땋아야 풀리지 않습니다.

06 3줄땋기 완성.

01 4줄로 만드는 매듭입니다. 매듭이 잘 보이도록 4가지 색상의 실이나 끈을 준비합니다. 주황색 실을 연두색 실 위로 올립니다.

02 노란색 실을 빨간색 실 위로 올립니다.

03 연두색 실을 노란색 실 위로 올립니다.

04 01~03번 과정을 반복하여 왼쪽, 오른쪽, 가운데 실을 교차시켜 X 모양의 매듭을 만듭니다.

05 4줄땋기 완성.

01 기둥실과 엮는실로 만드는 매듭입니다. 매듭이 잘 보이도록 2가지 색상의 실이나 끈을 준비합니다.

02 엮는실을 기둥실 위에서 아래로 감은 후 빈 공간으로 통과시킵니다.

03 이번에는 반대로 엮는실을 기둥실 아래에서 위로 감은 후 빈 공간으로 통과시킵니다. 사진에는 감는 방법을 한 번에 보여 주지만 감을 때마다 실을 잡아당겨 매듭을 만들어 줍니다.

04 02~03번 과정을 완료해야 1개의 매듭이 만들어집니다.

05 다시 한 번 진행해 보겠습니다. 엮는실을 기둥실 위에서 아래로 감은 후 빈 공간으로 통과시켜 반 개 매듭을 만듭니다.

06 이번에는 반대로 엮는실을 기둥실 아래에서 위로 감은 후 빈 공간으로 통과시켜 반 개 매듭을 하나 더 만듭니다.

07 같은 방법으로 계속 진행합니다.　08 레이스매듭 완성.

• **좌우엮기**

01 좌우엮기는 기둥실과 엮는실로 만
드는 매듭이지만 기둥실과 엮는실
이 한 번씩 번갈아 가며 바뀐다는
특징이 있습니다.

02 노란색 실을 기둥실, 파란색을 엮
는실로 정합니다. 엮는실로 기둥
실을 위에서 아래로 감은 후 빈 공
간으로 통과시킵니다.

03 엮는실을 당겨 매듭을 만들어 줍
니다.

04 이번에는 파란색 실이 기둥실, 노
란색 실을 엮는실로 정합니다. 엮
는실로 기둥실을 위에서 아래로 감
은 후 빈 공간으로 통과시킵니다.

05 엮는실을 잡아당겨 매듭을 만들어
   줍니다.

06 02~05번 과정을 반복하여 매듭을
   만들어 줍니다.

07 좌우엮기 완성.

• 평돌기매듭

01 기둥실과 엮는실로 만드는 매듭입
니다. 같은 색상을 사용해도 되지
만 매듭이 잘 보이도록 3가지 색상
의 실이나 끈을 준비합니다.

02 노란색, 파란색 실은 엮는실, 주황
색 실은 기둥실이 됩니다. 파란색
엮는실을 기둥실 위로 올린 후 숫
자 4의 반대 모양으로 만듭니다.
노란색 엮는실을 파란색 엮는실
위로 올립니다.

03 노란색 엮는실을 기둥실 아래로 놓
은 후 빈 공간으로 통과시킵니다.

04 두 엮는실을 잡아당겨 평돌기매듭
반 개를 만듭니다.

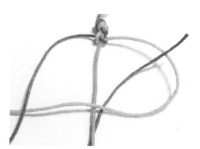 

05 02~04번 과정과 같은 방법으로
평돌기매듭을 반 개 더 만들어 줍
니다.

06 반 개 매듭을 2개 만들면 1개의 평
돌기매듭이 만들어집니다.

07 동일한 방법으로 매듭을 만들면 자연스럽게 나선 모양이 생깁니다.

08 평돌기매듭 완성.

• 평매듭

01 기둥실과 엮는실로 만드는 매듭입니다. 같은 색상을 사용해도 되지만 매듭이 잘 보이도록 3가지 색상의 실이나 끈을 준비합니다.

02 노란색, 연두색 실은 엮는실, 파란색 실은 기둥실이 됩니다. 노란색 엮는실을 기둥실 위로 올린 후 숫자 4의 반대 모양으로 만듭니다.

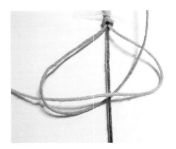 

03 연두색 엮는실을 노란색 엮는실 위에 놓은 후 바로 기둥실 아래에 놓고 빈 공간으로 통과시킵니다.

04 두 엮는실을 잡아당겨 반 개 매듭을 만들어 줍니다.

05 두 엮는실의 위치가 바뀌었습니다. 이번에는 연두색 엮는실을 기둥실 아래에 놓고 숫자 4의 반대 모양을 만들어 줍니다.

06 노란색 엮는실을 기둥실 위로 올린 후 빈 공간으로 통과시킵니다.

07 두 엮는실을 잡아당겨 반 개 매듭을 더 만들어 줍니다. 반 개 매듭을 2개 만들면 1개의 평매듭이 만들어집니다.

08 평매듭 완성.

Macrame

실로 만드는
데일리 팔찌

3색 사선엮기 팔찌

Level
★★★☆

준비물
노란색 십자수 실, 초록색 십자수 실,
빨간색 십자수 실

소요시간
30~40분

실 길이
노란색 십자수 실 : 90cm×3
초록색 십자수 실 : 90cm×3
빨간색 십자수 실 : 90cm×3

사용 계절
봄, 여름, 가을, 겨울

01

위쪽에서 15cm 정도 떨어진 곳에 매
직테이프를 붙여 실을 고정시킵니다.

02

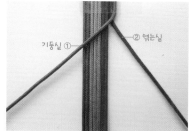

제일 오른쪽에 있는 초록색 실을 기둥
실, 빨간색 실을 엮는실로 정합니다.

Point
기둥실은 엮는실 보다 위에 있어야 합니다.

03

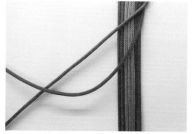

엮는실을 기둥실 위에 올려 숫자 4의
반대 모양을 만들어 줍니다.

04

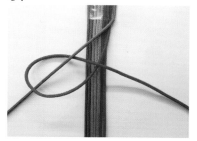

엮는실을 빈 공간으로 통과시킨 후
빼내 잡아당깁니다.

05

엮는실을 힘껏 잡아 당겨 반 개 매듭을
만듭니다.

06

03~05번 과정을 반복하여 반 개 매듭
을 하나 더 만들어 줍니다.

07

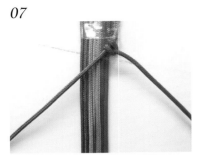

1개의 매듭이 만들어졌습니다.

08

다음에는 ③이 엮는실이 됩니다. 기둥실 위에 엮는실을 올려놓고 빈 공간으로 통과시킵니다. 한 번 더 사선엮기매듭을 만듭니다.

09

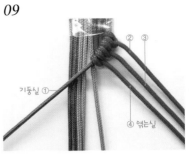

④도 사선엮기매듭을 만들어 줍니다. 노란색, 초록색 실도 같은 방법으로 진행합니다.

10

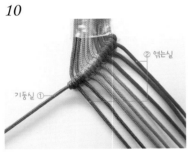

첫 번째 단이 완성되었습니다. 기둥실은 왼쪽 아래를 향하고 엮는실은 모두 오른쪽 아래를 향하고 있습니다.

11

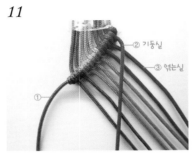

두 번째 단을 만들어 보겠습니다. 제일 오른쪽 빨간색 실이 기둥실이 되고, 그 옆에 ③은 엮는실이 됩니다. 차례대로 사선엮기매듭을 만듭니다.

12

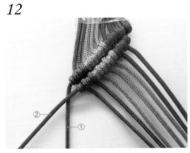

두 번째 단의 마지막 모습입니다. ①, ②를 엮어야 합니다.

13

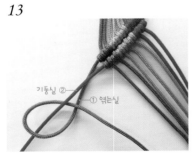

②는 기둥실, ①은 엮는실이 됩니다. 엮는실을 기둥실 위로 올려 숫자 4의 반대 모양을 만든 후 빈 공간으로 통과시켜 매듭을 만듭니다.

14

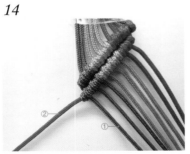

두 번째 단이 완성되었습니다. 같은 방법으로 사선엮기매듭을 만듭니다.

15

원하는 길이만큼 계속해서 반복하면 사선 패턴이 나타납니다.

16

손목 둘레에 맞춰 사선 패턴을 만들고 엮는실과 기둥실을 아래로 당겨 줍니다.

17

아래쪽에 남아 있는 모든 실을 한매듭으로 묶어 줍니다. 반대쪽도 같은 방법으로 묶어 줍니다.

18

위와 아래 실을 3줄땋기합니다. 3줄 땋기가 풀리지 않도록 다시 한 번 한 매듭으로 묶어 줍니다. 남은 부분을 잘라 정리합니다.

19

3색 사선엮기 팔찌 완성.

3색 세로
줄무늬 팔찌

Level

✕✕✕✕✕✕

Macrame

준비물	실 길이
빨간색 십자수 실, 노란색 십자수 실, 진한 갈색 십자수 실	**빨간색 십자수 실** : 120cm×1 **빨간색 십자수 실** : 90cm×4 **노란색 십자수 실** : 90cm×2 **진한 갈색 십자수 실** : 90cm×2
소요시간	사용 계절
40분	봄, 여름, 가을, 겨울

01

120cm인 기둥실을 제일 왼쪽에 두고 나머지 엮는실을 차례대로 나열합니다. 상단에서 15cm 정도 떨어진 곳에 매직 테이프를 붙여 실을 고정시킵니다.

Point
기둥실과 엮는실을 구분 짓기 위해 기둥실을 파란색으로 준비했습니다.

02

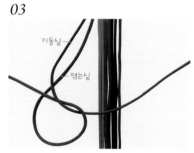

기둥실을 엮는실 위에 올려 숫자 4 모양을 만들어 줍니다.

03

엮는실을 빈 공간으로 통과시킵니다. 사선엮기와 같은 방법입니다. 빨간색 엮는실을 왼쪽으로 당겨 반 개 매듭을 만듭니다.

04

한 번 더 반복하여 반 개 매듭을 하나 더 만듭니다.

05

엮는실을 힘껏 잡아당기면 사진과 같이 1개의 매듭이 생깁니다.

06

동일한 방법으로 진행하여 매듭을 만듭니다.

07

기둥실

첫 번째 단이 완성되었습니다.

Point
첫 번째 단은 왼쪽에서 오른쪽 방향
으로 매듭을 만들었습니다.

08

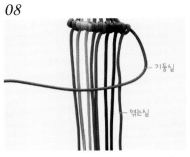
기둥실

엮는실

기둥실을 엮는실 위에 올린 후 숫자 4
의 반대 모양으로 만들어 주세요.

Point
두 번째 단은 오른쪽에서 왼쪽 방향
으로 만듭니다.

09

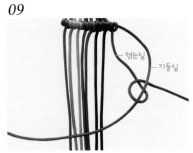
엮는실
기둥실

엮는실을 기둥실에 한 바퀴 감은 후
빈 공간으로 통과시켜 반 개 매듭을
만들어 줍니다.

10

기둥실
엮는실

같은 방법으로 반 개 매듭을 1개 더
만들어 줍니다.

11

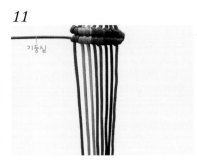
기둥실

같은 방법으로 진행하여 두 번째 단
도 만들어 줍니다.

12

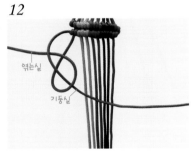
엮는실
기둥실

기둥실을 엮는실 위로 올려 숫자 4 모
양을 만들어 줍니다. 엮는실을 기둥실
에 한 바퀴 감은 후 빈 공간으로 통과
시킵니다. 잡아당겨 매듭을 만듭니다.

앞의 과정과 같은 방법으로 매듭을
만듭니다.

원하는 길이까지 매듭을 완성했다면
남은 실을 모아 한매듭으로 묶어 줍
니다. 반대쪽도 실을 모아 한매듭으
로 묶어 줍니다.

3줄땋기한 후 한매듭으로 묶고 남은
실은 잘라 정리합니다.

3색 세로 줄무늬 팔찌 완성.

4색
V엮기 팔찌

Level

준비물
4가지 색상의 십자수 실

소요시간
20~30분

실 길이
각각의 십자수 실 : 150cm×1, 총 4줄 준비

사용 계절
봄, 여름, 가을, 겨울

01

3줄땋기 고리를 만든 후 제일 바깥쪽에 있는 실로 평매듭을 만듭니다.

Point
제일 바깥쪽에 있는 같은 색 실로 평매듭을 만듭니다.

02

사진과 같이 색상이 대칭되도록 실을 정리한 후 고정시킵니다.

03

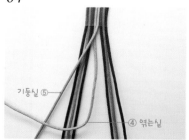

④, ⑤를 x 모양이 되도록 잡습니다. 이때 ⑤는 기둥실이 되고, ④는 엮는실이 됩니다.

Point
기둥실은 엮는실 보다 위에 있어야 합니다.

04

엮는실을 기둥실 위에 놓고 숫자 4의 반대 모양을 만듭니다. 엮는실을 빈 공간으로 통과시킨 후 오른쪽 위로 잡아당깁니다.

05

반 개의 매듭이 만들어졌습니다.

06

같은 방법으로 반 개의 매듭을 한 번 더 만듭니다.

07

나머지 실도 03~06번 과정을 반복하여 매듭을 만듭니다.

08

반대쪽을 엮어 보겠습니다. ④는 기둥실, ⑥~⑧은 엮는실이 됩니다.

09

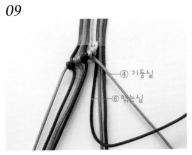

⑥을 기둥실 위에 놓고 숫자 4 모양을 만듭니다.

10

엮는실을 빈 공간으로 통과시킨 후 잡아당겨 매듭을 반 개 만듭니다.

11

한 번 더 반복하여 매듭을 반 개 더 만듭니다.

12

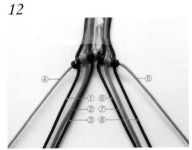

다음과 같이 실이 위치합니다. 나머지 실도 09~11번 과정을 반복하여 매듭을 만듭니다. 이렇게 V 모양이 되도록 만드는 매듭을 V엮기라고 합니다.

13

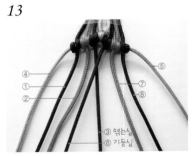

두 번째 단을 시작하겠습니다. ⑥은 엮는실, ③은 기둥실이 됩니다.

14

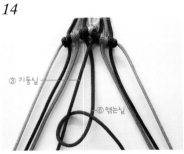

왼쪽부터 매듭을 만들어 줍니다. 기둥실이 엮는실보다 위에 있어야 한다는 점을 기억하면서 매듭을 만들어 줍니다.

15

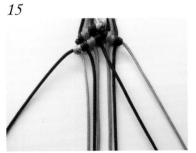

왼쪽의 두 번째 단을 모두 만듭니다.

16

이번에는 오른쪽의 두 번째 매듭 단을 만들어 줍니다.

17

두 번째 매듭단을 만든 모습입니다.

18

초보자는 단의 방향에 맞춰 오른손에는 엮는실, 왼손에는 기둥실을 잡고 V엮기를 하면 편리합니다.

Point
엮는실과 기둥실의 위치가 바뀌면 V엮기의 색이 달라집니다.

19

남은 실을 하나로 모아 한매듭으로 묶어 줍니다. 실을 반반 나누어 3줄땋기 하고 나머지 부분은 가위로 잘라 정리합니다.

20

4색 V엮기 팔찌 완성.

Point
4색 V엮기 팔찌는 앞면도 예쁘지만 뒷면이 밖으로 보이게 착용해도 예쁩니다.

가넷
포인트 팔찌

Level
★★★

준비물	실 길이
진회색 십자수 실, 갈색의 꽃 모양 참장식 9개, 진한 회색의 꽃 모양 참장식 5개, 실버볼 13개, 가넷 1개	**진회색 십자수 실** : 120cm×1
소요시간	사용 계절
30분	봄, 가을, 겨울

01

십자수 실을 가지런히 놓은 후 한매듭으로 묶습니다.

Point
가넷 포인트 팔찌는 여성용 팔찌입니다.

02

십자수 실을 적당히 3줄로 나눈 후 5~7cm 정도 3줄땋기합니다.

03

3줄땋기가 풀리지 않도록 남은 실을 한매듭으로 묶습니다.

04

십자수 실 2올을 빼낸 후 갈색의 꽃 모양 참장식 9개를 모두 끼워 넣습니다.

05

실버볼 6개, 진한 회색의 꽃 모양 참장식 2개, 가넷 1개, 실버볼 7개, 나머지 참장식을 모두 끼워 넣습니다. 참장식을 끼워 넣은 실을 제외한 남은 실은 돌려엮기합니다.

Point
원석을 이용한 팔찌를 만들 때는 원석과 비슷한 색의 실을 선택하는 게 좋습니다. 원석보다 크기가 큰 장식을 고르면 원석과 부딪혀 깨질 수도 있으니 가급적 원석과 비슷하거나 작은 크기의 장식들을 선탁합니다.

06

손등 위를 덮을 정도로만 돌려엮기를 반복합니다. 돌려엮기와 장식이 들어간 실의 길이를 확인합니다.

07

돌려엮기한 실과 장식을 끼워 넣은 실을 한데 모아 한매듭으로 묶습니다.

08

남은 실은 5~7cm 정도 3줄땋기합니다. 남은 실은 한매듭으로 묶은 후 잘라 정리합니다.

가넷 포인트 팔찌 완성.

Point

착용감이나 혹시 모를 상처를 대비해 팔찌에 사용되는 원석은 가능한 타원형을 추천해 드립니다. 원석 팔찌를 착용할 때는 메탈 시계와 함께 착용하지 말아주세요.

루비 평돌기 매듭 팔찌

Level
★★★

준비물	실 길이
카키색 십자수 실, 분홍색 십자수 실, 하늘색 십자수 실, 루비 5개	**카키색 십자수 실** : 70cm×1 **분홍색 십자수 실** : 150cm×1 **하늘색 십자수 실** : 150cm×1
소요시간	사용 계절
20~30분	봄, 가을, 겨울

01

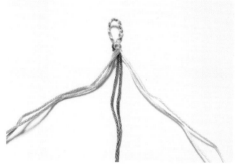

3가지 색상의 십자수 실을 반으로 접어 3줄땋기 고리를 만들어 줍니다.

Point
루비 평돌기매듭 팔찌는 여성용 팔찌입니다.

02

하늘색 엮는실을 기둥실 위에 올리고, 분홍색 엮는실을 기둥실 아래에 놓은 후 평돌기매듭 반 개를 만듭니다.

03

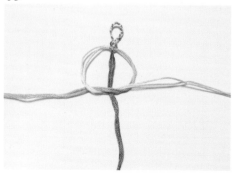

이번에는 분홍색 엮는실을 기둥실 위에 올리고, 하늘색 엮는실을 아래에 놓은 후 평돌기매듭 반 개를 만듭니다.

Point
엮는실과 기둥실의 색을 다르게 하면 매듭의 모양이 더 잘 나타납니다.

04

02~03번 과정을 반복하여 4~5cm 정도 평돌기매듭을 만들어 줍니다.

05

분홍색 엮는실 1줄에 루비를 끼워 넣습니다.

Point
실 색상과 장식 색상을 맞춰 주는 것이 좋습니다.

06

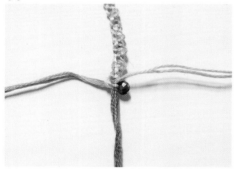

분홍색 엮는실을 기둥실 위에 올리고 하늘색 엮는실을 기둥실 아래에 놓은 후 평돌기매듭을 만듭니다.

07

약 1cm 정도 평돌기매듭을 만든 후 분홍색 엮는실이 왼쪽에 위치했을 때 루비를 끼워 넣습니다.

08

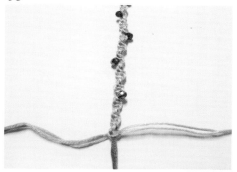

05~07번 과정을 반복하여 평돌기매듭을 만들며 나머지 루비도 끼워 넣습니다. 루비를 모두 끼웠으면 4~5cm 정도 평매듭을 만듭니다.

09

평매듭이 풀리지 않도록 남은 실을 한매듭으로 묶습니다. 카키색 기둥실을 제외한 나머지 엮는실은 자릅니다.

10

십자수 실이 풀리지 않도록 카키색 기둥실의 끝부분을 한매듭으로 묶은 후 나머지는 잘라 정리합니다.

11

루비 평돌기매듭 팔찌 완성.

Point

고리에 기둥실을 끼워 넣은 후 한 바퀴 감습니다. 이 때 생기는 빈 공간에 기둥실을 넣은 후 세게 당겨 착용합니다.

미키 사파이어
3줄땋기 팔찌

Level

✶ ✶

준비물	실 길이
청록색 십자수 실, 노란색 십자수 실, 상아색 십자수 실, 미키사파이어 참장식	**청록색 십자수 실** : 150cm×3 **노란색 십자수 실** : 150cm×3 **상아색 십자수 실** : 150cm×3
소요시간	사용 계절
20분	봄, 여름

01

3가지 색상의 십자수 실을 총 9줄 준비하고 한데 모아 한매듭으로 묶습니다.

Point
미키 사파이어 3줄땋기 팔찌는 여성용 팔찌입니다.

02

십자수 실을 색상별로 나누어 5~7cm 정도 3줄 땋기합니다.

03

풀리지 않도록 한매듭으로 묶습니다.

04

상아색 십자수 실만 약 13cm 정도 3줄땋기합니다.

05

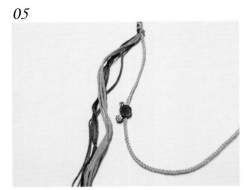

상아색 십자수 실 중앙에 미키 사파이어 참장식을 끼워 넣습니다.

Point
십자수 실로 만드는 팔찌에는 지름 1cm 미만의 참장식을 사용하는 게 좋습니다. 크고 무거운 참장식을 사용하면 십자수 실이 처지거나 끊어질 수 있습니다.

06

미키 사파이어 참장식을 고정시키기 위해 양쪽을 한 번씩 한매듭으로 묶습니다. 남은 실 중 3줄을 선택하여 상아색 실만큼 3줄땋기합니다.

Point
색을 섞어서 3줄땋기하는 게 좋습니다.

07

마지막으로 남은 십자수 실도 3줄땋기합니다.

08

모든 실을 한데 모아 한매듭으로 묶습니다.

09

02번 과정과 같이 십자수 실을 5~7cm 정도 3
줄땋기합니다.

10

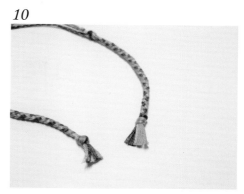

남은 실은 가위로 잘라 정리합니다.

11

미키 사파이어 3줄땋기 팔찌 완성.

비엔나 평돌기 매듭 팔찌

Level
★★★

준비물	실 길이
초록색 십자수 실, 주황색 십자수 실	**초록색 십자수 실** : 180cm×3 **주황색 십자수 실** : 180cm×3
소요시간	사용 계절
30분	봄, 여름

01

2가지 색상의 십자수 실을 총 6줄 준비하고 한데 모아 묶습니다.

02

7~8cm 정도 3줄땋기합니다.

03

3줄땋기가 풀리지 않도록 한매듭으로 묶은 후 색깔별로 십자수 실을 나눕니다.

04

주황색 실만 2~3cm 정도 평돌기매듭을 만듭니다.

05

초록색 실도 주황색 실처럼 같은 길이로 평돌
기매듭을 만듭니다.

06

초록색 실과 주황색 실을 각각 1줄씩 바깥쪽으
로 빼놓습니다. 나머지 실은 모두 가운데에 놓
습니다. 빼놓은 실로 평매듭을 1개 만듭니다.

07

다시 주황색 실과 초록색 실로 각각 2~3cm 정
도 평돌기매듭을 만듭니다.

08

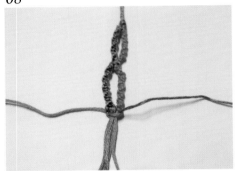

06번 과정과 같이 초록색 실과 주황색 실을 1줄
씩 뺀 후 평매듭을 1개 만듭니다.

09

07~08번 과정을 한 번 더 반복한 후 매듭이 풀리지 않도록 한매듭으로 묶습니다.

10

02번 과정과 같이 7~8cm 정도 3줄땋기한 후 한매듭으로 묶어 줍니다. 남은 실은 잘라 정리합니다.

11

비엔나 평돌기매듭 팔찌 완성.

Point
3줄땋기한 부분을 두어 번 묶어 착용하세요.

좌우엮기
무지개 팔찌

Level
✗ ✗ ✗

준비물	실 길이
나일론 무지개 실 , 마감장식 1개	**나일론 무지개 실** : 150cm×7
소요시간	사용 계절
20분	봄, 여름, 가을

01

실을 반으로 접습니다. 중심에서 약 2cm 정도 위쪽부터 4cm 정도 3줄땋기합니다. 실을 다시 반으로 접은 후 3줄땋기가 풀리지 않도록 한매 듭으로 묶습니다.

Point

좌우엮기 무지개 팔찌는 총 14줄의 실이 필요하지만 매듭이 두꺼울수록 예쁘기 때문에 더 많은 실로 만들 어도 됩니다.

02

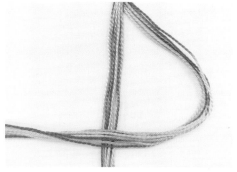

엮는실을 기둥실 위에 숫자 4의 반대 모양으로 올려놓습니다.

03

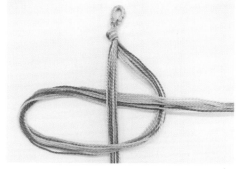

엮는실을 기둥실 아래로 한 바퀴 감은 후 빈 공 간으로 통과시킵니다. 엮는실을 잡아당기면 1 개의 매듭이 완성됩니다.

04

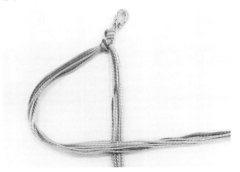

반대쪽 매듭을 만들겠습니다. 02번 과정에서 정했던 기둥실은 엮는실이 되고, 엮는실은 기둥실이 됩니다. 기둥실 위에 엮는실을 올려 놓고 숫자 4 모양을 만듭니다.

05

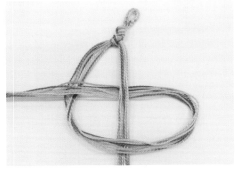

엮는실을 기둥실 아래로 한 바퀴 감은 후 빈 공간으로 통과시킵니다. 엮는실을 잡아당기면 1개의 매듭이 만들어집니다.

06

팔목 둘레에 맞춰 02~05번 과정을 약 14번 정도 반복합니다.

07

마지막으로 만든 매듭은 풀리지 않으므로 따로 묶지 않습니다.

08

남은 실을 모아 줍니다. 실 끝에 물이나 풀을 묻혀 마감장식에 끼워 넣습니다.

09

마감장식이 빠지지 않도록 남은 실을 한매듭으로 묶고 끝부분은 잘라 정리합니다.

10

좌우엮기 무지개 팔찌 완성.

지그재그
사선엮기 팔찌

Level
★★★

준비물
빨간색 십자수 실, 노란색 십자수 실

실 길이
빨간색 십자수 실 : 180cm×1
노란색 십자수 실 : 100cm×3

소요시간
30~40분

사용 계절
봄, 여름, 가을, 겨울

01

메인 색상인 빨간색 십자수 실을 ③에 놓습니다. 그래야 오른쪽부터 지그재 그 패턴이 만들어질 수 있습니다.

02

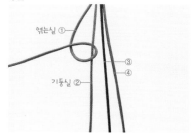

①은 엮는실, ②는 기둥실로 정합니 다. 엮는실을 기둥실 위에 올려놓고 숫자 4 모양을 만듭니다. 실을 한 바 퀴 감은 후 빈 공간으로 실을 통과시 킵니다.

03

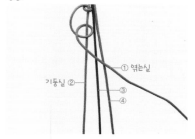

같은 방법으로 한 번 더 진행하여 1개 의 사선엮기매듭을 만듭니다.

04

1개의 사선엮기매듭이 만들어지면 서 기둥실과 엮는실의 위치가 바뀌었 습니다. 사선엮기매듭을 만든 후에는 기둥실과 엮는실의 위치가 달라지는 것을 기억하세요.

05

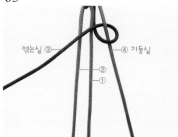

③은 엮는실, ④는 기둥실로 정합니다. 엮는실을 기둥실 위에 올려놓고 숫자 4 모양을 만듭니다. 실을 한 바퀴 감은 후 빈 공간으로 실을 통과시킵니다.

06

곧장 엮는실을 기둥실 아래에 놓고 숫 자 4 모양을 만듭니다. 실을 한 바퀴 감고 빈 공간으로 실을 통과시킨 후 잡아당겨 이어엮기매듭을 만듭니다.

07

이어엮기매듭을 만든 ③, ④의 위치는 바뀌지 않습니다. 사진과 동일하게 되었다면 첫 번째 단은 완성되었습니다.

08

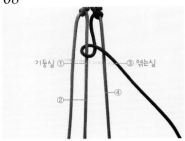

두 번째 단은 사선엮기매듭을 만들어야 합니다. ①은 기둥실, ③은 엮는실로 정합니다. 엮는실을 기둥실 위에 올려놓고 숫자 4의 반대 모양을 만든 후 빈 공간으로 엮는실을 통과시킵니다.

09

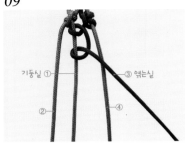

같은 방법으로 한 번 더 사선엮기매듭을 만들어 줍니다.

10

두 번째 단이 완성되었습니다. 사선엮기매듭을 만든 후에는 기둥실과 엮는실의 위치가 바뀝니다.

11

세 번째 단의 왼쪽 부분을 만들겠습니다. ②는 기둥실, ③은 엮는실로 정합니다. 엮는실을 기둥실 위에 올려놓고 숫자 4의 반대 모양을 만듭니다. 빈 공간으로 엮는실을 통과시킵니다.

12

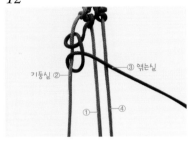

이어서 엮는실을 기둥실 아래에 놓고 숫자 4의 반대 모양을 만듭니다. 엮는실을 빈 공간으로 통과시킨 후 잡아당깁니다.

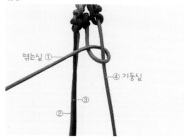

13

세 번째 단의 오른쪽 부분을 만들겠습니다. ①은 엮는실, ④는 기둥실로 정합니다. 엮는실을 기둥실 위에 올려놓고 숫자 4 모양을 만듭니다. 엮는실을 빈 공간으로 통과시킵니다.

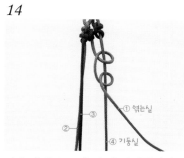

14

같은 방법으로 한 번 더 진행합니다.

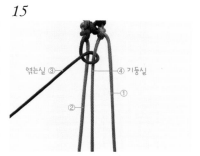

15

네 번째 단을 만들어 보겠습니다. ③은 엮는실, ④는 기둥실로 정합니다. 엮는실을 기둥실 위에 올려놓고 숫자 4 모양을 만듭니다. 엮는실을 빈 공간으로 통과시킵니다.

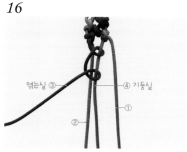

16

같은 방법으로 한 번 더 진행합니다.

17

네 번째 단까지 완성되었습니다. 처음 놓았던 실의 순서가 되었습니다.

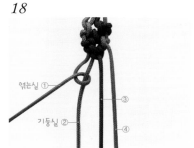

18

①은 엮는실 ②는 기둥실이 됩니다. 엮는실을 기둥실 위에 올려놓고 숫자 4 모양을 만듭니다. ①을 빈 공간으로 통과시킵니다.

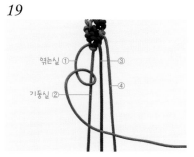

19

①을 ③ 위에 올려놓고 숫자 4 모양을 만듭니다. ①을 빈 공간으로 통과시킵니다. 같은 방법으로 한 번 더 진행합니다.

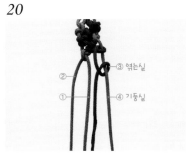

20

③은 엮는실, ④는 기둥실이 됩니다. ③을 ④ 위에 놓고 숫자 4 모양을 만듭니다. ③을 빈 공간으로 통과시킵니다. ③을 ④ 아래에 놓고 숫자 4 모양을 만듭니다. ③을 빈 공간으로 통과시킵니다.

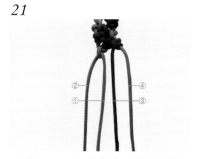

21

사진을 보고 실의 위치를 확인합니다.

22

①은 기둥실 ③은 엮는실로 정합니다. ③을 ① 위에 숫자 4의 반대 모양으로 놓은 후 빈 공간으로 통과시켜 사선엮기의 반 개 매듭을 만듭니다. 바로 같은 사선엮기의 반 개 매듭을 하나 더 만듭니다.

23

지그재그 패턴이 나타나는 것을 확인할 수 있습니다.

24

②는 기둥실, ③은 엮는실로 정합니다. ③을 ② 위에 숫자 4의 반대 모양으로 놓은 후 빈 공간으로 통과시켜 사선엮기 반 개 매듭을 만듭니다. 이번에는 ③을 ② 아래에 숫자 4의 반대 모양으로 놓은 후 빈 공간으로 통과시켜 사선엮기 반 개 매듭을 하나 더 만듭니다.

25

④는 기둥실, ①은 엮는실로 정합니다. ①을 ④ 위에 올려놓고 숫자 4 모양을 만든 후 빈 공간으로 통과시킵니다. 이것을 한 번 더 반복합니다.

26

④는 기둥실, ③은 엮는실로 정합니다. ③을 ④ 위에 올려놓고 숫자 4 모양을 만든 후 빈 공간으로 통과시킵니다. 이것을 한 번 더 반복합니다.

27

4번씩 2번을 반복하였습니다. 이제 지그재그 모양이 조금씩 보이기 시작합니다. 동일한 방법으로 방복하여 매듭을 만들어줍니다.

28

손목 둘레만큼 매듭을 만들었다면 나머지 실을 모두 모아 묶어주세요.

29

앞뒤 상관없이 원하시는 방향으로 착용하면 됩니다.

30

남은 실을 3줄땋기한 후 한매듭으로 묶습니다. 남은 실은 잘라 정리합니다.

31

지그재그 사선엮기 팔찌 완성.

Point

노란색 실로 매듭을 만들 때는 무조건 사선엮기를 합니다. 빨간색 실로 매듭을 만들 때는 사선엮기, 이어엮기를 함께 사용합니다. 빨간색 실이 가장자리에 있을 때는 이어엮기, 가운데에 있을 때는 사선엮기합니다.

2가지 색상의 실로 팔찌를 만들 때 3(100cm) : 1(180cm)을 사용하면 길이가 긴 실의 색이 많이 나타나게 됩니다. 2가지 색상의 실이 동일하게 나타나길 바란다면 2(100cm) : 2(100cm)로 사용하면 됩니다.

털실 돌돌이
매듭 팔찌

Level
✦✧✦

Macrame

준비물	실 길이
로프끈, 굵은 털실, 가는 털실	**로프끈** : 70cm×1 **굵은 털실** : 130cm×1 **가는 털실** : 130cm×1
소요시간	사용 계절
15분	겨울

01

기둥끈 1줄을 반으로 접어 줍니다.

Point

돌돌이매듭의 기둥끈은 두께감이 있는 것이 좋습니다. 따라서 로프를 이용하거나 여러 가닥의 얇은 끈을 겹쳐 사용하세요.

02

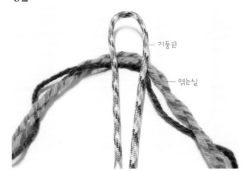

기둥끈의 위쪽에서 2cm 정도 떨어진 곳에 엮는실을 놓습니다. 돌돌이매듭은 한쪽으로만 엮기 때문에 엮는실을 놓을 때 한쪽을 길게하여 놓습니다.

Point

다양한 굵기와 색상의 실을 엮는실로 사용하면 좋습니다.

03

엮는실을 기둥끈 위로 한 바퀴 감아올립니다. 감아올린 엮는실을 빈 공간에 통과시킵니다.

04

엮는실을 잡아당깁니다.

05

짧은 엮는실

짧은 엮는실을 기둥실과 나란히 놓습니다. 긴
엮는실을 기둥끈에 돌돌 감습니다. 풀리지 않
게 촘촘히 감아야 합니다.

06

반복하여 엮는실을 기둥끈에 촘촘히 감습니다.

07

원하는 길이 만큼 감았다면 엮는실을 기둥끈에
감기 전 고리를 만들어 통과시킵니다.

08

엮는실이 풀리지 않도록 강하게 잡아당깁니다.

09

기둥끈과 엮는실을 한데 모아 한매듭으로 묶습
니다.

10

끝부분을 잘라 정리합니다.

털실 돌돌이매듭 팔찌 완성.

Point

기둥끈으로 로프를 사용하면 별도의 마감장식이 필요하지 않습니다.

Macrame

Chapter
2

끈으로 만드는
독특한 팔찌

2색
돌려엮기 팔찌

Level
⊰✦✦⊱

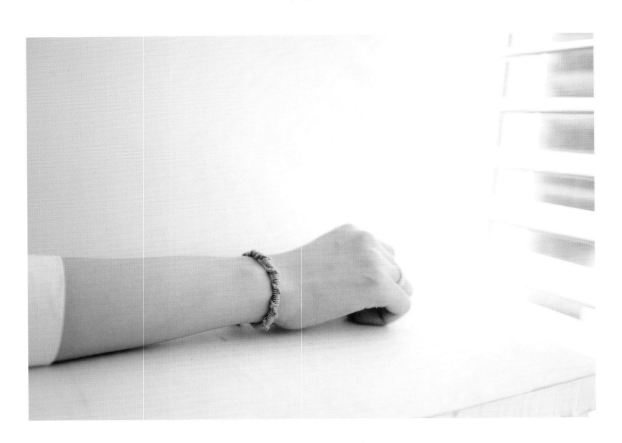

준비물
분홍색 햄프끈, 연두색 햄프끈, 상아색 햄프끈

소요시간
30분

실 길이
분홍색 햄프끈 : 160cm×1
연두색 햄프끈 : 160cm×1
상아색 햄프끈 : 60cm×1

사용 계절
봄, 여름

01

끈을 반으로 접은 후 중간 부분을 약 4cm 정도 3줄땋기합니다. 한매듭으로 묶어 고리를 만듭니다.

02

왼쪽에 있는 연두색 끈은 엮는끈, 나머지 끈은 기둥끈으로 정하겠습니다.

03

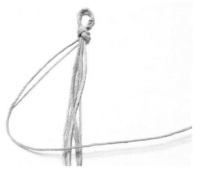

기둥끈 위에 엮는끈을 숫자 4 모양으로 올립니다.

04

기둥끈에 엮는끈을 한 바퀴 감아올립니다.

05

엮는끈을 잡아당겨 매듭을 만듭니다.

06

손목 둘레의 1/2 길이가 될 때까지 연두색 엮
는끈으로 돌려엮기합니다.

07

현재 엮고 있는 끈의 길이가 짧아지면 다른 연
두색 끈으로 교체합니다. 자연스럽게 기존의
엮는끈은 기둥끈이 됩니다.

08

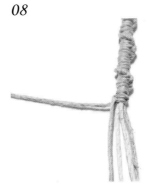

이번에는 분홍색 끈을 엮는끈으로 정하겠습
니다.

09

손목 둘레의 1/2 길이가 될 때까지 분홍색 엮
는끈으로 돌려엮기합니다.

10

남은 끈을 모으고 마감장식을 끼워 넣습니다.

11

마감장식이 빠지지 않도록 한매듭으로 묶은 후
끝부분을 잘라 정리합니다.

12

2색 돌려엮기 팔찌 완성.

3색 사다리
매듭 팔찌

Level
✕✕✕✕✕

준비물	끈 길이
노란색 햄프끈, 초록색 햄프끈, 주황색 햄프끈	**노란색 햄프끈** : 180cm×1
	초록색 햄프끈 : 180cm×1
	주황색 햄프끈 : 180cm×1
소요시간	사용 계절
30분	봄, 여름

01

햄프끈 3줄을 모두 모아 반으로 접어 줍니다. 가운데를 약 3cm 정도 3줄땋 기합니다.

02

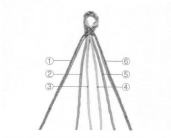

연두색 햄프끈으로 평매듭을 2개 만 들어 고리를 고정시킨 후 다음과 같 은 순서로 끈을 정리합니다.

03

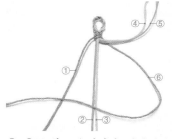

④, ⑤를 위로 올립니다. 여기에서 ①, ⑥은 엮는끈이 되고, ②, ③은 기둥끈 이 됩니다. ⑥을 기둥끈 위에 숫자 4 의 반대 모양으로 놓습니다.

04

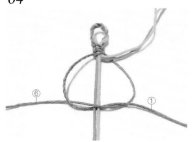

①을 기둥끈 아래에 놓은 후 빈 공간 으로 통과시킵니다.

05

①, ⑥을 양쪽으로 당겨 매듭을 만들 어 줍니다. ①은 오른쪽, ⑥은 왼쪽에 위치하게 됩니다.

06

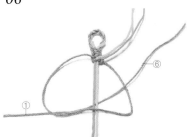

이번에는 ①을 기둥끈 위에 숫자 4의 반대 모양으로 놓습니다. ⑥을 기둥 끈 아래에 놓은 후 빈 공간으로 통과 시킵니다.

07

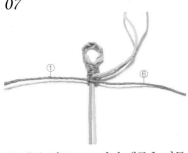

①, ⑥을 양쪽으로 당겨 매듭을 만들 어 줍니다.

08

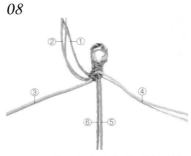

①, ②는 위로 올립니다. ③, ④는 엮는 끈이 되고, ⑤, ⑥은 기둥끈이 됩니다.

09

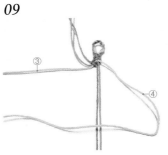

④를 기둥끈 위에 숫자 4의 반대 모양 으로 놓습니다.

10

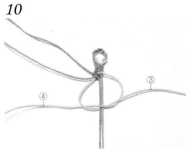

③을 기둥끈 아래에 놓은 후 빈 공간 으로 통과시킵니다.

11

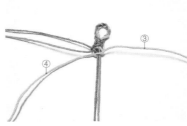

③, ④를 양쪽으로 당겨 매듭을 만들 어 줍니다.

12

④를 기둥끈 위에 숫자 4 모양을 만들 어 놓습니다. ③을 기둥끈 아래에 놓 은 후 빈 공간으로 통과시킵니다.

13

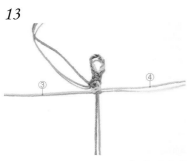

③은 왼쪽, ④는 오른쪽에 위치하게 됩니다. ③, ④를 양쪽으로 당겨 매듭 을 만들어 줍니다.

14

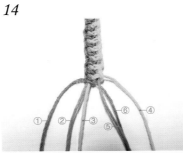

손목 둘레에 맞춰 동일한 방법으로 매듭을 만들어 줍니다.

15

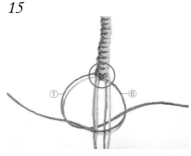

마지막 매듭을 만들 때는 ①, ⑥이 엮 는끈이 되고, 나머지 끈이 기둥끈이 됩니다. ⑥을 기둥끈 위에 올려 숫자 4를 만들고 ①은 기둥끈 아래에 놓은 후 빈 공간으로 통과시킵니다.

Point
⑥을 기둥끈 위에 올릴 때 동그라미로 표 시한 부분과 같이 2줄 사이로 지나가게 해 야 합니다.

16

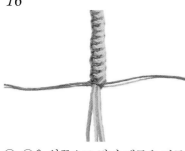

①, ⑥을 양쪽으로 당겨 매듭을 만들
어 줍니다.

17

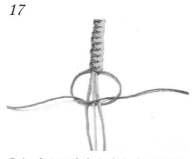

⑥을 기둥끈 위에 올려 숫자 4 모양을
만들어 주고, ①을 기둥끈 아래에 놓
은 후 빈 공간으로 통과시킵니다.

18

모든 끈을 모아 마감장식에 넣어 줍
니다.

19

마감장식이 빠지지 않도록 한매듭으
로 묶어 줍니다.

20

남은 끈을 잘라 정리해 줍니다.

21

3색 사다리매듭 팔찌 완성.

Point
왼쪽, 오른쪽에 각각 평매듭을 만들어 사
다리 모양이 나오게 하는 것이 사다리매듭
입니다.

3줄땋기
대칭 팔찌

Level
⨉⨉⨉⨉⨉

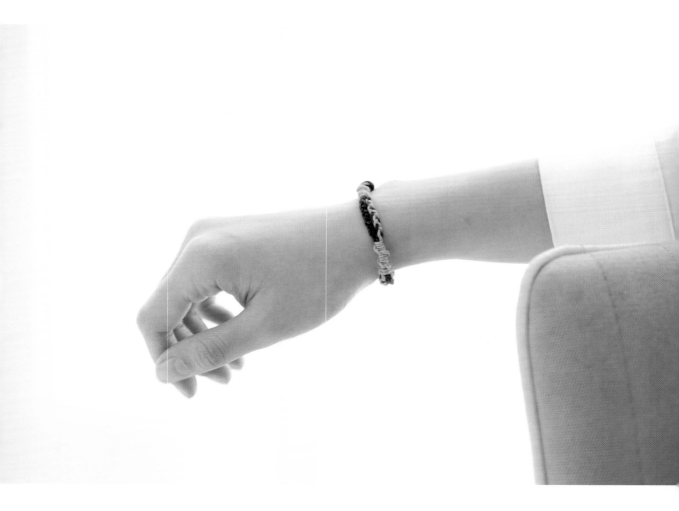

준비물	끈 길이
남색 햄프끈, 주황색 햄프끈, 연두색 햄프끈	**남색 햄프끈** : 80cm×4 **주황색 햄프끈** : 80cm×1 **연두색 햄프끈** : 80cm×1
소요시간	사용 계절
30분	봄, 여름, 가을, 겨울

01

끈을 하나로 모아 한매듭으로 묶습니다.

02

약 8cm 정도 3줄땋기한 후 한매듭으로 묶습니다.

03

주황색 끈은 엮는끈, 나머지 끈은 기둥끈으로 정하겠습니다. 엮는끈을 기둥끈 위로 한 바퀴 감은 후 빈 공간으로 통과시킵니다.

04

매듭이 생길 때까지 엮는끈을 잡아당깁니다. 이렇게 만들어진 매듭을 돌려엮기라고 합니다.

05

같은 방법으로 1.5cm 정도 돌려엮기합니다.

06

모든 끈을 한데 모은 후 한 쪽은 같은 색 끈, 다른 한 쪽은 색이 다른 끈끼리 나누어 놓습니다.

07

2개로 나눈 끈을 각각 약 3cm 정도 3줄땋기합니다.

08

이번에는 연두색 끈을 기둥끈으로 정하겠습니다. 03~04번 과정과 같이 약 1.5cm 정도 돌려엮기합니다.

09

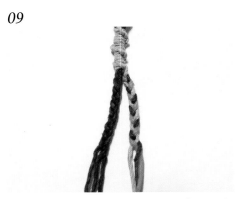

06~07번 과정과 같이 끈 색을 나누어 놓은 후 3줄땋기합니다.

Point
돌려엮기한 끈의 길이는 3줄땋기한 끈의 길이와 비슷하거나 짧게 만드는 것이 예쁩니다. 처음 만들 때는 간격을 비슷하게 해야 전체 길이를 맞추기 쉽습니다.

주황색 끈을 엮는끈으로 정하고 약 1.5cm 정도 돌려엮기합니다. 원하는 만큼 매듭이 만들어지면 남은 끈을 한매듭으로 묶습니다.

남은 끈은 3줄땋기한 후 풀리지 않도록 한매듭으로 묶습니다. 끝부분을 잘라 정리합니다.

12

3줄땋기 대칭 팔찌 완성.

Point
고리가 있는 팔찌가 아니므로 2번 묶어 착용합니다.

4색
4줄땋기 팔찌

Level

<table>
<tr><td>준비물</td><td>끈길이</td></tr>
<tr><td>빨간색 햄프끈, 주황색 햄프끈,
초록색 햄프끈, 연두색 햄프끈</td><td>**각각의 햄프끈** : 80cm×1, 총 4줄</td></tr>
<tr><td>소요시간</td><td>사용계절</td></tr>
<tr><td>15~20분</td><td>봄, 여름, 가을</td></tr>
</table>

01

모든 끈을 반으로 접은 후 가운데 부분을 약 4cm 정도 3줄땋기합니다. 고리를 남긴 채 한매 듭으로 묶어 주고, 다음과 같이 색상별로 끈을 나눕니다. 이해하기 쉽도록 초록색은 ①, 주황색은 ②, 연두색은 ③, 빨간색은 ④로 설명하겠습니다.

02

②를 ① 위로 올려놓습니다.

03

④를 ③ 위에 올려놓습니다.

04

①을 ④ 위에 올려놓습니다. 모든 끈이 한 번씩 자리 이동을 했습니다.

05

④를 ② 위에 올려놓습니다.

06

③을 ① 위에 올려놓습니다.

07

다시 ②를 ③ 위로 올려놓습니다. 이렇게 왼쪽,
오른쪽, 가운데를 교차하며 진행합니다.

08

4줄땋기는 끈이 풀리지 않게 만드는 것이 중
요합니다. 계속해서 4줄땋기를 반복합니다.

Point
부드럽거나 가는 끈을 사용하면 모양이 잘 나타나지
않으니 햄프끈이나 나일론 실을 사용하기 바랍니다.
십자수 실로 만들 경우 여러 겹으로 겹쳐서 땋는 것
을 추천합니다.

09

팔목 둘레에 맞춰 4줄땋기한 후 남은 끈을 한 매듭으로 묶습니다

10

마감장식을 넣고 흘러내리지 않도록 한매듭으로 묶습니다. 남은 끝부분을 잘라 정리합니다.

11

4색 4줄땋기 팔찌 완성.

8자
돌려엮기 팔찌

준비물	끈길이
남색 햄프끈	**기둥끈** : 80cm×1
	엮는끈 : 2m×2
소요시간	사용계절
30분	봄, 여름

01

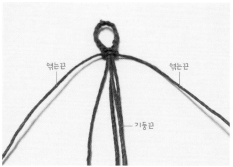

끈을 반으로 접은 후 가운데 부분을 약 4cm 정도 3줄땋기하고 평매듭으로 고리를 만듭니다. 엮는끈은 바깥쪽, 기둥끈은 안쪽에 놓습니다.

Point
2개의 매듭을 지어야 1개의 평매듭이 됩니다.

02

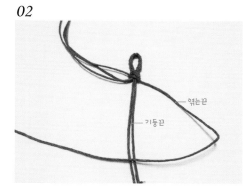

왼쪽에 있는 엮는끈과 기둥끈 2줄을 위로 올립니다. 기둥끈 위에 엮는끈을 숫자 4 모양으로 놓습니다.

03

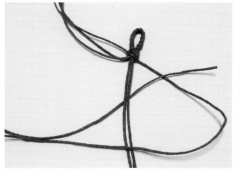

엮는끈을 기둥끈 아래로 놓은 후 빈 공간으로 통과시킵니다.

04

매듭이 생길 때까지 잡아당깁니다.

05

엮는끈을 기둥끈 위에 숫자 4 모양으로 놓습니다. 기둥끈 아래로 엮는끈을 감은 후 빈 공간으로 통과시킵니다.

06

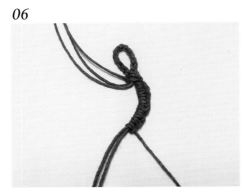

8~10개의 매듭이 생길 때까지 반복합니다.

07

같은 방법으로 반대쪽도 매듭을 짓습니다. 좌우가 헷갈리지 않도록 주의합니다.

08

엮는끈

엮는끈

양쪽 끝에 있는 엮는끈 중 오른쪽 엮는끈을 기둥끈 위에 놓습니다. 왼쪽 엮는끈을 오른쪽 엮는끈 아래에 놓습니다

09

왼쪽 엮는끈을 빈 공간으로 통과시킨 후 잡아당깁니다.

10

이번에는 반대로 오른쪽 엮는끈을 기둥끈 아래에 놓습니다. 왼쪽 엮는끈을 기둥끈 위에 놓은 후 빈 공간으로 통과시킵니다.

11

8~10개의 매듭이 생길 때까지 반복합니다.

12

마감장식을 끼워 넣고 한매듭으로 묶은 후 잘라 정리합니다.

13

8자 돌려엮기 팔찌 완성.

나뭇잎
평돌기매듭 팔찌

Level
★★★☆

준비물
연두색 햄프끈, 상아색 햄프끈,
양쪽 끝에 고리가 있는 나뭇잎 모양의 참장식 1개

끈 길이
연두색 햄프끈 : 50cm×2
연두색 햄프끈 : 80cm×2
상아색 햄프끈 : 80cm×2

소요시간
20분

사용 계절
봄, 여름

01

참장식 한쪽 고리에 기둥끈이 될 50cm 연두색
햄프끈 1줄을 끼워 넣습니다.

Point
양쪽으로 고리가 있는 참장식을 사용했습니다.

02

기둥끈 아래에 80cm 연두색, 상아색 햄프끈을
각각 1줄씩 놓습니다.

Point
평돌기매듭은 2가지 색을 섞어 쓰는 것이 예쁩니다.
베리에이션 끈을 사용해도 좋습니다.

03

평돌기매듭을 만듭니다.

04

03번 과정과 동일한 방법으로 평돌기매듭을
만듭니다.

05

매듭이 돌아가는 것처럼 만들어졌습니다.

06

팔목 둘레의 1/2 정도 길이만큼 평돌기매듭을
만듭니다.

07

평돌기매듭의 옆모습입니다.

08

반대쪽 참장식 고리에 기둥끈인 50cm 연두색
햄프끈을 끼워 넣고 엮는끈인 80cm 연두색, 상
아색 햄프끈으로 평돌기매듭을 만듭니다.

09

같은 방법으로 나머지 한쪽과 같은 길이가 될 때까지 반복합니다.

10

엮는끈을 자르고 남은 기둥끈은 한매듭으로 묶습니다.

Point
엮는끈은 따로 접착제를 발라 마감하지 않아도 됩니다.

11

기둥끈의 끝부분도 한매듭으로 묶습니다. 착용 후 리본 모양으로 묶으면 예쁘게 묶으세요.

12

나뭇잎 평돌기매듭 팔찌 완성.

Point
나뭇잎 모양의 참장식은 남성분도 좋아하는 장식이므로 남녀 공용 팔찌로 사용하면 좋습니다.

두 겹
평매듭 팔찌

Level

Macrame

준비물	끈 길이
갈색 햄프끈	**기둥끈** : 60cm×1
	엮는끈 : 150cm×2
소요시간	사용 계절
30분	가을, 겨울

01

끈을 반으로 접은 후 가운데 부분을 3줄땋기합니다. 다시 반으로 접어 평매듭으로 고리를 만듭니다.

02

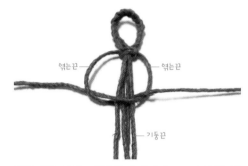

왼쪽 엮는끈을 기둥끈 아래에 놓고, 오른쪽 엮는끈은 기둥끈 위에 놓은 후 빈 공간으로 통과시킵니다. 평매듭 반 개가 만들어집니다.

03

이번에는 오른쪽 엮는끈을 기둥끈 아래에 놓고, 왼쪽 엮는끈을 기둥끈 위에 놓은 후 빈 공간으로 통과시킵니다. 반 개의 매듭이 더 만들어지면서 1개의 평매듭이 됩니다.

04

동일한 방법으로 평매듭을 약 2cm 정도 만듭니다.

05

엮는끈을 바꾸겠습니다. 이전까지 엮었던 끈을 위로 올립니다. 기둥끈 중에서 2줄을 선택합니다. 이제부터 이 끈이 엮는끈이 됩니다.

06

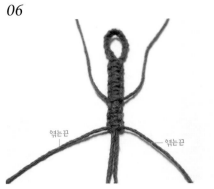

교체한 엮는끈으로 약 2~3cm 정도 평매듭을 만듭니다.

07

매듭을 두 겹으로 만들어 보겠습니다. 지금까지 엮었던 끈은 다시 기둥끈이 됩니다. 위에 올렸던 엮는끈으로 평매듭을 만듭니다.

Point
01~05번 과정에서 만든 매듭은 안쪽평매듭, 07번 과정에서 만드는 매듭은 바깥쪽평매듭입니다.

08

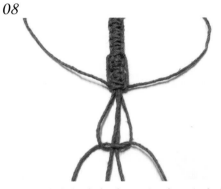

05번 과정처럼 다시 엮는끈을 위로 올린 후 기둥끈 중에서 2줄을 선택합니다. 이 끈으로 2~3cm 정도 평매듭을 만듭니다.

09

07번 과정처럼 지금까지 엮었던 끈은 다시 기둥끈이 됩니다. 위에 올렸던 엮는끈으로 평매듭을 만듭니다.

10

02~09번 과정을 반복하여 안쪽평매듭과 바깥쪽평매듭을 만듭니다.

11

원하는 길이가 되면 모든 끈을 한매듭으로 묶고 마감장식에 끼워 넣습니다. 마감장식이 빠지지 않도록 한매듭으로 다시 묶은 후 끝부분을 잘라 정리합니다.

12

두 겹 평매듭 팔찌 완성.

무지개
포인트 팔찌

Level

준비물	끈 길이
검은색 나일론끈, 동그란 우드 참장식 6개, 막대 모양 우드 참장식 2개, 푸른 원석 1개, 무지개색 참장식 총 14개, 메탈볼 4개, 마감장식 2개	**기둥끈** : 50cm×1 **엮는끈** : 150cm×1 **마무리끈** : 40cm×1
소요시간	사용 계절
20분	봄, 여름, 가을

01

평매듭을 5개 만듭니다.

Point
2개의 매듭을 지어야 1개의 평매듭이 됩니다.

02

기둥끈에 동그란 우드 참장식 3개를 끼워 넣고 평매듭을 만들어 고정시킵니다.

Point
참장식은 자유롭게 끼워 넣거나 대칭에 맞춰 끼워 넣습니다.

03

다른 막대 모양 우드 참장식 1개를 끼워 넣은 후 평매듭을 만들어 고정시킵니다.

04

엮는끈에 메탈볼을 각각 1개씩 끼워 넣은 후 평매듭을 만들어 고정시킵니다.

05

기둥끈에 푸른 원석 1개를 끼워 넣고 엮는끈에 무지개색 참장식을 각각 7개씩, 총 14개를 끼워 넣습니다.

Point
기둥끈과 엮는끈에 들어가는 참장식의 크기는 다르게 하는 것이 예쁩니다.

06

푸른 원석, 무지개색 참장식이 빠지지 않도록 평매듭을 만듭니다.

07

엮는끈에 실버볼을 각각 1개씩 끼워 넣고 평매듭을 만듭니다. 기둥끈에 막대 모양 우드 참장식 1개를 끼워 넣습니다.

08

02번 과정에서 끼워 넣은 참장식의 반대 순서로 기둥끈에 동그란 우드 참장식을 끼워 넣습니다. 참장식이 빠지지 않도록 평매듭을 만듭니다.

09

01번 과정과 같은 방법으로 평매듭을 5개 만듭니다.

10

남은 엮는끈은 자른 후 불로 지져 정리합니다.

11

사진과 같이 기둥끈 중간에 마무리끈을 놓습니다.

12

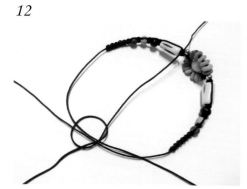

마무리끈으로 평매듭을 만들어 보겠습니다. 왼쪽 엮는끈을 기둥끈 아래에 놓고 오른쪽 엮는끈은 기둥끈 위에 놓은 후 빈 공간으로 통과시킵니다.

13

마무리끈을 잡아당깁니다.

14

이번에는 왼쪽 엮는끈을 기둥끈 위에 놓고 오른쪽 엮는끈을 기둥끈 아래에 넣은 후 빈 공간으로 통과시킵니다.

15

약 2cm 정도 평매듭을 만들어 줍니다. 남은 마무리끈은 자른 후 접착제를 바르거나 불로 지져 줍니다.

16

기둥끈을 각각 한매듭으로 묶어 줍니다. 마감장식을 끼운 후 다시 한 번 각각 한매듭으로 묶어 줍니다. 남은 끈은 잘라 정리합니다.

17

기둥끈을 잡아당겨 길이가 조절되는지 확인합
니다.

18

무지개 포인트 팔찌 완성.

빈티지 참장식
돌려엮기 팔찌

준비물	끈 길이
빨간색 햄프끈, 빈티지 참장식 7개	**빨간색 햄프끈** : 180cm×3
소요시간	사용 계절
20분	봄, 여름, 가을

01

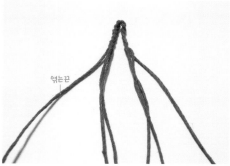

끈을 반으로 접은 후 가운데 부분을 약 4cm 정도 3줄땋기합니다. 왼쪽의 햄프끈 1줄을 엮는끈, 나머지는 기둥끈으로 정합니다.

02

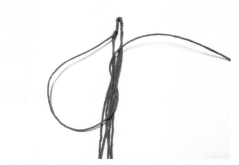

엮는끈을 기둥끈 위에 올리고 한 바퀴 감은 후 빈 공간으로 통과시킵니다.

03

엮는끈을 당겨 매듭을 만듭니다. 이 과정을 반복하면 돌려엮기가 됩니다.

04

02~03번 과정을 반복하여 약 2cm 정도 돌려엮기합니다. 빈티지 참장식을 1개 끼워 넣습니다.

05

왼쪽의 햄프끈 1줄을 엮는끈으로 정합니다. 엮
는끈을 기둥끈 위로 올리고 한 바퀴 감은 후 빈
공간으로 통과시킵니다.

Point
같은 끈으로만 돌려엮기할 경우 끈의 길이가 짧아집
니다. 그래서 다른 끈으로 번갈아가며 돌려엮기해야
합니다.

06

빈티지 참장식이 움직이지 않도록 엮는끈을 힘
껏 잡아당깁니다.

07

약 2cm 정도 돌려엮기한 후 빈티지 참장식을 1
개 더 끼워 넣습니다.

08

같은 방법으로 팔목 둘레에 맞춰 돌려엮기하고
남은 빈티지 참장식을 끼워 넣습니다.

09

마지막으로 빈티지 참장식을 끼워 넣습니다.

10

빈티지 참장식이 빠지지 않도록 끈을 한데 모아 한매듭으로 묶은 후 남은 끈은 잘라 정리합니다.

11

빈티지 참장식 돌려엮기 팔찌 완성.

우드 장식 엑스
평매듭 팔찌

Level

준비물

자주색 햄프끈, 실버볼 16개,
우드 참장식 28개, 마감장식 2개

소요시간

20분

끈 길이

기둥끈 : 50cm×1
엮는끈 : 150cm×1
마무리끈 : 40cm×1

사용 계절

가을, 겨울

01

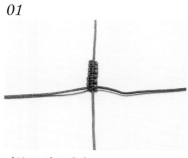

기둥끈 위쪽에서 18~20cm 정도 떨어진 곳에 평매듭을 6개 만듭니다.

Point
2개의 매듭을 지어야 1개의 평매듭이 됩니다.

02

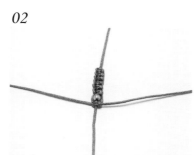

기둥끈에 실버볼 1개를 끼워 넣습니다. 엮는끈으로 실버볼을 감싸면서 평매듭을 만듭니다.

03

양쪽 엮는끈에 우드 참장식과 실버볼을 차례로 끼워 넣습니다.

04

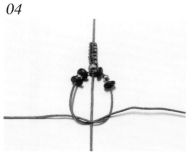

평매듭 반 개를 만들어 우드 참장식을 고정시킵니다.

05

평매듭 반 개가 만들어진 모습입니다.

06

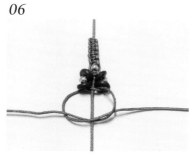

평매듭 반 개를 하나 더 만듭니다.

07

평매듭 1개가 만들어진 모습입니다.

08

우드 참장식과 실버볼을 한 번 더 끼워 넣고 장식이 빠지지 않도록 평매듭을 1개 만듭니다.

09

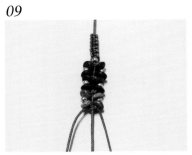

팔목 둘레에 맞춰 다른 색의 장식을 끼워 넣고 평매듭을 만듭니다.

10

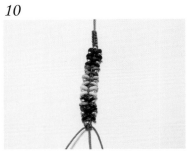

마지막으로 실버볼을 끼워 넣고 평매듭을 만듭니다.

11

01번 과정과 같이 평매듭을 6개 만듭니다.

12

남은 엮는끈을 잘라 정리합니다.

Point
자르고 남은 엮는끈은 불로 지지거나 접착제를 발라 마무리합니다.

13

기둥끈과 마무리끈을 사진과 같이 놓습니다.

14

왼쪽 엮는끈은 기둥끈 아래에 놓고 오른쪽 엮는끈은 기둥끈 위에 놓은 후 빈 공간으로 통과시킵니다.

15

이번에는 왼쪽 엮는끈을 기둥끈 위에 놓고 오른쪽 엮는끈은 기둥끈 아래에 놓은 후 빈 공간으로 통과시킵니다.

16

약 2.5cm 정도 평매듭을 만듭니다.

17

남은 마무리끈을 잘라냅니다. 기둥끈
을 한매듭으로 묶은 후 마감장식을
끼워 넣고 빠지지 않도록 다시 한 번
더 한매듭으로 묶습니다.

18

마무리매듭이 만들어진 모습입니다.

19

우드 장식 엑스매듭 팔찌 완성.

좌우
레이스매듭 팔찌

Level

준비물
검은색 햄프끈, 노란색 햄프끈, 분홍색 햄프끈

끈 길이
검은색 햄프끈 : 120cm×1
노란색 햄프끈 : 120cm×1
분홍색 햄프끈 : 120cm×1

소요시간
20분

사용 계절
봄, 여름, 가을, 겨울

01

햄프끈 가운데를 약 3cm 정도 3줄땋기합니다. 햄프끈을 반으로 접은 후 평매듭으로 고리를 만들어 줍니다.

02

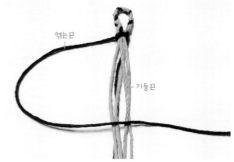

왼쪽의 검은색 햄프끈은 엮는끈, 나머지는 기둥끈으로 정합니다. 기둥끈 위에 엮는끈을 숫자 4 모양으로 올려 놓습니다.

03

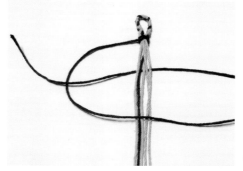

엮는끈을 기둥끈 아래로 한 바퀴 감은 후 다시 엮는끈 위로 빼내 당깁니다.

04

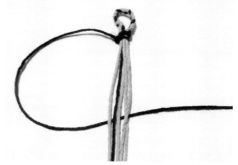

이번에는 반대로 엮는끈을 기둥끈 아래에 숫자 4 모양으로 놓습니다.

05

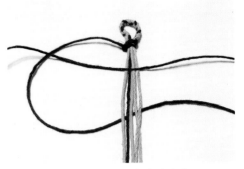

엮는끈을 기둥끈 위로 빼내 당깁니다.

06

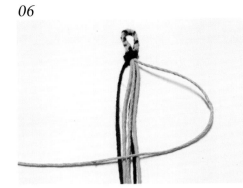

이번에는 오른쪽 분홍색 햄프끈을 엮는끈, 나머지 끈은 기둥끈으로 정합니다. 엮는끈을 기둥끈 위에 숫자 4의 반대 모양으로 올려 놓습니다.

07

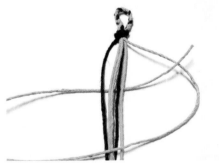

엮는끈을 기둥끈 아래로 한 바퀴 감은 후 엮는끈 위로 빼내 잡아당깁니다.

08

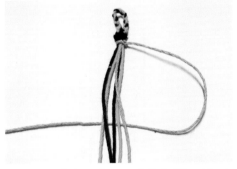

이번에는 반대로 기둥끈 아래에 엮는끈을 숫자 4의 반대 모양으로 놓습니다.

09

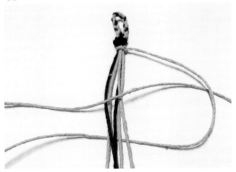

엮는끈을 기둥끈 위로 한 바퀴 감은 후 다시 엮는끈 아래로 빼내 잡아당깁니다.

10

분홍색 엮는끈과 검은색 엮는끈을 번갈아 가며 팔목 둘레에 맞춰 02~09번 과정을 반복합니다.

원하는 길이가 되면 남은 끈을 한데 모아 한매듭으로 묶습니다.

마감장식을 끼워 넣고 빠지지 않도록 한 번 더 한매듭으로 묶습니다. 남은 기둥끈은 잘라 정리합니다.

좌우 레이스매듭 팔찌 완성.

좌우엮어
3줄땋기 팔찌

Level

✦✦

준비물
검은색 햄프끈, 초록색 햄프끈, 연분홍색 햄프끈

끈 길이
검은색 햄프끈 : 150cm×1
초록색 햄프끈 : 150cm×1
연분홍색 햄프끈 : 150cm×1

소요시간
30분

사용 계절
가을, 겨울

01

햄프끈 가운데 부분을 약 3cm정도 3줄땋기합니다. 반으로 접은 후 한매듭으로 묶어 고리를 만듭니다.

02

색깔별로 끈을 나누어 줍니다. 초록색 끈부터 팔목 둘레만큼 좌우엮기합니다.

03

검은색 끈도 좌우엮기합니다.

04

연분홍색 끈도 팔목 둘레에 맞춰 좌우엮기합니다.

05

좌우엮기한 끈을 모아 3줄땋기합니다.

06

3줄땋기의 중간 모습입니다.

Point

좌우엮기한 끈은 세게 당기면 늘어나므로 주의하세요.

07

끈의 끝부분까지 3줄땋기합니다.

08

원하는 길이가 되면 남은 끈을 모아 한매듭으로 묶습니다.

09

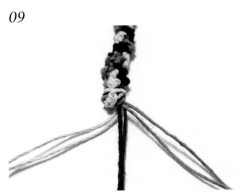

색깔별로 끈을 나누어 줍니다.

10

남은 끈을 동일한 방법으로 약 8cm 정도 3줄땋기합니다.

3줄땋기가 풀리지 않도록 한매듭으로 끈을 묶은 후 잘라 정리합니다.

착용 시 고리에 끈을 끼우고 한 바퀴 돌린 후 고리로 다시 넣어 풀리지 않게 합니다.

좌우엮어 3줄땋기 팔찌 완성.

줄난
실크줄 팔찌

Level

준비물	줄 길이
검은색 실크줄, 줄난	**기둥끈** : 60cm×1
	엮는끈 : 100cm×1
	줄난 : 16cm×1
소요시간	사용 계절
20분	봄, 여름, 가을

01

기둥끈이 될 실크줄을 반으로 접은 후 한매듭
으로 묶어 고리를 만듭니다.

02

줄난의 발에 실크줄이 걸리면 줄이 상할 수 있으
니 주의하면서 기둥줄 사이에 줄난을 놓습니다.

Point
줄난은 줄처럼 연결된 큐빅을 가리킵니다. 줄난의 발
은 큐빅을 감싸고 있는 4개의 지점을 가리킵니다.

03

01번 과정에서 만들어 놓은 고리 아래에 엮는
줄을 놓습니다.

04

줄난과 줄난 사이 공간에 평매듭을 만들어 기
둥줄과 줄난을 고정시킵니다.

05

04번 과정을 반복하여 평매듭을 만듭니다.

06

줄난이 움직이지 않도록 엮는줄을 힘껏 잡아당 깁니다.

07

2~3칸 정도는 줄난이 움직일 수 있으니 엮는줄 을 단단히 당겨 줄난이 빠지지 않도록 합니다.

08

기둥줄에 줄난이 고정된 옆모습입니다.

09

줄난 끝까지 평매듭을 만듭니다.

10

남은 기둥줄과 엮는줄을 한매듭으로 묶은 후 남은 끈을 자릅니다.

11

고리에 매듭을 넣어 착용합니다.

12

줄난 실크줄 팔찌 완성.

Point
줄난 실크줄 팔찌는 여성용 팔찌입니다.

지그재그 레이스 매듭 팔찌

Level

✕✕✕

준비물	끈 길이
주황색 햄프끈	180cm×1
소요시간	사용 계절
20분	봄, 여름

01

끈을 반으로 접은 후 한매듭으로 묶어 고리를 만듭니다. 왼쪽 끈은 기둥끈, 오른쪽 끈은 엮는 끈이 됩니다.

02

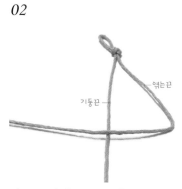

기둥끈 위에 오른쪽 엮는끈을 숫자 4의 반대 모양으로 놓습니다.

03

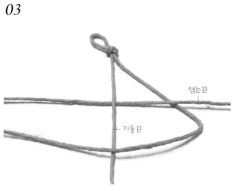

기둥끈 아래에 엮는끈을 놓은 후 다시 엮는끈 위로 빼내 당깁니다.

04

1개의 매듭이 생겼습니다.

05

02~03번 과정을 두 번 더 반복하여 매듭을 총 3개 만듭니다.

06

이번에는 오른쪽 끈이 기둥끈, 왼쪽 끈이 엮는 끈이 됩니다.

07

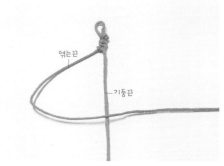

기둥끈 위에 엮는끈을 놓고 숫자 4 모양을 만듭니다.

08

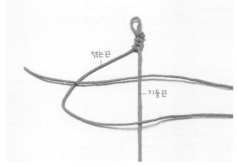

기둥끈 아래에 엮는끈을 놓은 후 다시 엮는끈 위로 빼내 당깁니다.

09

1개의 매듭이 생겼습니다.

10

06~07번 과정을 2번 더 반복하여 총 3개의 매듭을 만듭니다.

이처럼 기둥끈을 바꿔 가며 매듭을 3개씩 만듭
니다.

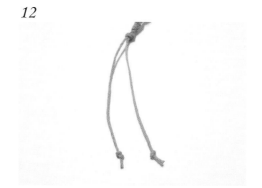

12

남은 끈을 모아 한매듭으로 묶은 후 끈의 끝 부
분을 한 가닥씩 한매듭으로 묶습니다.

지그재그 레이스매듭 팔찌 완성.

Point
혼자 착용할 때는 끝까지 당기지 말고 느슨하게 착용한 후 당깁니다.

진주
레이스매듭 팔찌

Macrame

준비물

진한 주황색 나일론끈, 보라색 나일론끈, 검은색
나일론끈, 작은 진주 참장식 14개, 진주 마감장식
1개

소요시간

20분

끈 길이

진한 주황색 나일론끈 : 180cm×1
보라색 나일론끈 : 60cm×1
검은색 나일론끈 : 60cm×1

사용 계절

봄, 여름, 가을

01

나일론끈 중간을 약 3cm정도 3줄땋기 한 후 다
시 반으로 접어 평매듭으로 고리를 만듭니다.

02

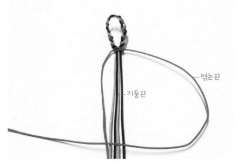

레이스매듭을 만들어 보겠습니다. 오른쪽 빨간
색 끈은 엮는끈, 나머지는 모두 기둥끈으로 정
합니다. 기둥끈 위에 엮는끈을 놓고 숫자 4의
반대 모양을 만듭니다.

03

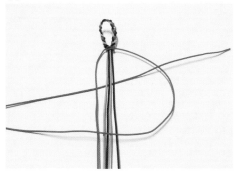

기둥끈 아래에 엮는끈을 놓은 후 빈 공간으로
통과시킵니다. 레이스매듭 반 개가 만들어졌습
니다.

04

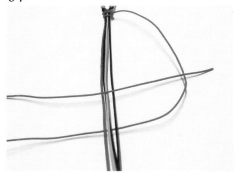

기둥끈 아래에 엮는끈을 놓고 숫자 4의 반대
모양을 만듭니다. 기둥끈 위로 엮는끈을 놓은
후 빈 공간으로 통과시킵니다. 레이스매듭 반
개가 하나 더 만들어졌습니다.

05

02~04번 과정을 반복하여 3.5cm 길이의 레이
스매듭을 만듭니다.

06

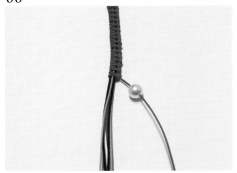

엮는끈에 작은 진주 참장식 1개를 끼워 넣습
니다.

07

참장식이 끼워진 엮는끈으로 레이스매듭을 1
개 만듭니다.

08

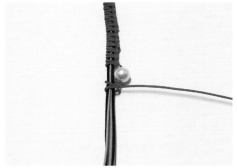

참장식이 고정되었습니다.

09

팔목 둘레에 맞춰 참장식을 끼우고 레이스매듭
을 만듭니다.

10

참장식을 끼워 넣은 엮는끈을 기둥끈에 놓습니
다. 기둥끈에 있던 빨간색 나일론끈을 엮는끈
으로 정하여 레이스매듭을 만듭니다.

11

4cm 정도 레이스매듭을 만듭니다.

12

빨간색을 제외한 나머지 끈 3줄에 마감장식을 끼워 넣습니다.

13

모든 끈을 모아 마감장식이 빠지지 않도록 한 매듭으로 묶은 후 남은 끈은 잘라 정리합니다.

14

진주 레이스매듭 완성.

크리스털
길이 조절 팔찌

준비물
회색 나일론끈, 황토색 나일론끈, 골드바 참장식,
회색 크리스털 1개, 레몬색 크리스털 8개

소요시간
10~15분

끈 길이
회색 나일론끈 : 25cm×1
황토색 나일론끈 : 25cm×1

사용 계절
봄, 여름, 가을

01

회색 나일론끈 가운데에 레몬색 크리
스털 6개, 골드바 참장식 1개를 끼워
넣습니다.

Point
나일론끈의 굵기가 달라도 상관없습니다.
굵은 나일론끈을 사용한다면 모든 끈의 길
이를 35cm 정도로 조정해 주세요.

02

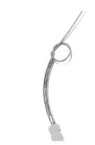

참장식과 크리스털이 움직이지 않도
록 양쪽을 한매듭으로 묶어 고정시킵
니다.

03

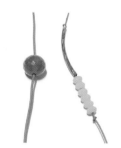

황토색 나일론끈 중간에 회색 크리스
털을 끼워 넣은 후 크리스털이 움직
이지 않도록 양쪽을 한매듭으로 묶어
고정시킵니다.

04

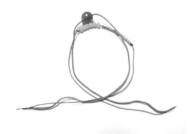

길이 조절 매듭을 만들어 보겠습니다.
다음과 같이 2개의 끈을 놓습니다.

05

왼쪽에 있는 끈을 오른쪽 위로 한 바퀴
돌려 빈 공간 사이로 통과시킵니다.

06

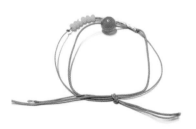

첫 번째 길이 조절 매듭이 만들어졌
습니다.

07

두 번째 길이 조절 매듭을 만들어 보
겠습니다. 왼쪽에 있는 끈을 다음과
같이 밑으로 한 바퀴 돌려 빈 공간 사
이을 통과시킵니다.

08

2개의 길이 조절 매듭이 만들어졌습
니다.

09

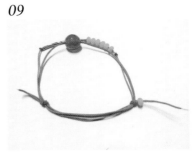

끝 부분에 레몬색 크리스털을 끼워
넣고 한매듭으로 묶습니다. 풀리지
않도록 불로 지져 고정시킵니다.

10

반대쪽도 레몬색 크리스털을 끼워 넣
고 묶습니다. 끈의 끝부분을 불로 지
져 고정시킵니다.

11

크리스털 길이 조절 팔찌 완성.

1줄로 만드는 길이 조절 매듭

01

길이 조절 매듭을 만들겠습니다. 먼저 간단하게 1줄로 길이 조절 매듭을 만들어 보겠습니다. 왼쪽 끈을 오른쪽 끈 아래에 놓은 후 위쪽으로 한 바퀴 돌려 다음과 같이 놓습니다.

02

한 바퀴 돌린 왼쪽 끈을 다음과 같이 빈 공간 사이로 통과시킵니다.

03

통과시킨 끈을 잡아당겨 매듭을 만들어 줍니다.

04

이번에는 오른쪽 끈을 왼쪽 끈의 아래에 놓은 후 위쪽으로 한 바퀴 돌려 사진과 같이 놓습니다.

05

한 바퀴 돌린 오른쪽 끈을 다음과 같이 빈 공간 사이로 통과시킵니다.

06

통과시킨 오른쪽 끈을 잡아당겨 매듭을 만들어 줍니다. 양쪽에 매듭이 생기면서 오른쪽 끈이 왼쪽으로 왼쪽 끈이 오른쪽으로 이동했습니다. 남은 끈은 잘라 마무리합니다. 양쪽으로 매듭을 움직여 팔찌를 착용합니다.

터키석
평매듭 팔찌

Level

<table>
<tr><td>준비물</td><td>끈 길이</td></tr>
</table>

준비물
검은색 면끈, 검은색 우드 참장식 6개, 눈 모양
원석 2개, 터키석 1개, 실버볼 2개

소요시간
20분

끈 길이
기둥끈 : 50cm×1
엮는끈 : 150cm×1
마무리끈 : 20cm×1

사용 계절
가을, 겨울

01

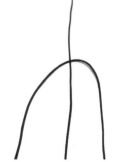

기둥끈과 엮는끈을 다음과 같이 놓습니다.

02

약 4cm 정도 평매듭을 만듭니다.

03

기둥끈에 우드 참장식을 끼워 넣고 움직이지 않
도록 엮는끈으로 감싼 후 평매듭을 만듭니다.

04

02~03번 과정을 반복하여 우드 참장식 2개와
눈 모양 참장식 1개를 끼워 넣은 후 평매듭으
로 고정시킵니다.

Point
참장식은 취향에 따라 골라 사용하면 됩니다.

05

기둥끈에 터키석을 끼워 넣습니다.

06

터키석이 빠지지 않도록 평매듭을 만듭니다.

07

평매듭을 만든 뒷모습입니다.

08

03~04번 과정에 끼워 넣었던 참장식을 반대
순서로 끼워 넣고 평매듭을 만듭니다.

09

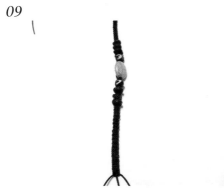

4~5cm 정도 평매듭을 만든 후 남은 엮는끈은
잘라 정리합니다.

10

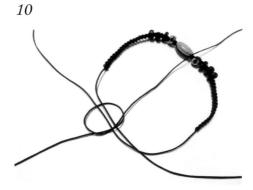

기둥끈을 모아 놓고 중간에 마무리끈을 놓습
니다. 왼쪽 마무리끈을 기둥끈 아래에 놓고 오
른쪽 마무리끈을 기둥끈 위에 놓은 후 빈 공
간으로 통과시킵니다.

11

이번에는 왼쪽 마무리끈을 기둥끈 위에 놓고 오른쪽 마무리끈을 기둥끈 아래에 놓은 후 빈 공간으로 통과시킵니다.

12

마무리끈을 잘라 정리합니다. 기둥끈 양쪽에 마감장식을 끼워 넣고 빠지지 않도록 한매듭으로 묶은 후 남은 끈은 잘라 정리합니다.

13

터키석 평매듭 팔찌 완성.

한 방향
레이스매듭 팔찌

Level

준비물
빨간색 햄프끈, 카키색 햄프끈, 마감장식 1개

소요시간
20분

끈 길이
빨간색 햄프끈 : 2m×1
카키색 햄프끈 : 50cm×2

사용 계절
봄, 여름, 가을

01

햄프끈 중간을 3cm 정도 3줄땋기한 후 반으로 접습니다. 평매듭으로 고리를 만듭니다.

02

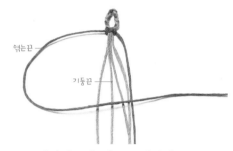

오른쪽 빨간색 끈은 엮는끈, 나머지는 모두 기둥끈으로 정합니다. 기둥끈 위에 엮는끈을 놓고 숫자 4의 반대 모양을 만듭니다.

03

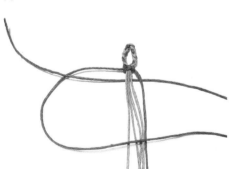

엮는끈을 기둥끈 아래에 놓습니다. 다시 엮는끈 위로 빼내 잡아당깁니다.

04

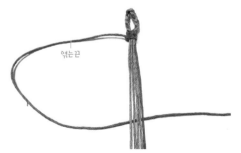

엮는끈을 기둥끈 아래에 숫자 4의 모양으로 놓습니다.

05

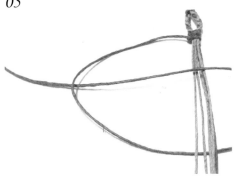

엮는끈을 기둥끈 위에 놓고 다시 엮는끈 아래
로 빼내 잡아당깁니다. 이것은 한 방향 레이스
매듭을 만드는 과정입니다.

06

엮는끈을 번갈아 가며 한 방향 레이스매듭을
만듭니다.

Point
한 방향 레이스매듭은 왼쪽에만 매듭이 생깁니다. 엮
는끈의 길이가 짧아지면 다른 엮는끈으로 매듭을 만
듭니다. 끈을 바꿔 매듭을 만들 경우 매듭 모양이 꼬
이지 않도록 바짝 당겨 매듭을 만들어 줍니다.

07

매듭을 만들었으면 기둥끈과 엮는끈을 모아 마
감 장식을 끼워 넣습니다.

Point
마감장식 구멍의 크기가 작다면 한매듭을 짓지 않고
끈에 마감장식을 끼워도 됩니다.

08

남은 끈을 모아 한매듭으로 묶은 후 잘라 정
리합니다.

한 방향 레이스매듭 팔찌 완성.

행운을 불러오는
함사 팔찌

Level

준비물
함사 참장식, 색이 다른 나일론끈 11줄

소요시간
30분

끈 길이
좌우엮기 : 4가지 색상의 끈 각각 40cm×1
3줄땋기 : 6가지 색상의 끈 각각 40cm×1
마무리매듭 : 1가지 색상의 끈 30cm×1

사용 계절
봄, 여름

01

함사 참장식 구멍에 2가지 색상의 나일론끈을
1줄씩 끼워 넣습니다.

02

4.5cm 정도 좌우엮기합니다.

Point
본인의 손목 둘레에 맞춰 4~5cm 정도 엮으면 됩니다.

03

다른 구멍에 3가지 색상의 나일론끈을 각각 1줄
씩 끼워 넣고 4.5cm 정도 3줄땋기합니다.

04

좌우엮기한 끈과 3줄땋기한 끈을 모아 한매
듭으로 묶습니다.

05

다른 구멍에 2가지 색상의 나일론끈을 각각 1
줄씩 끼워 넣고 4.5cm 정도 좌우엮기합니다.

06

마지막 구멍에 3가지 색상의 나일론끈을 각각
1줄씩 끼워 넣고 4.5cm 정도 3줄땋기합니다.

07

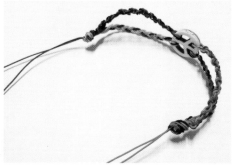

매듭이 풀리지 않도록 한매듭으로 묶은 후 원
하는 색의 끈을 2줄씩 남기고 남은 끈은 잘라
정리합니다.

Point
나일론 끈의 끝부분은 불로 지져 고정시킵니다.

08

3cm 정도 평매듭을 만든 후 남은 마무리끈은
잘라 정리합니다.

09

마감장식을 양쪽 기둥끈 끝에 끼워 넣은 후 빠지지 않도록 양쪽을 한매듭으로 각각 묶습니다.

10

남은 기둥끈은 잘라 정리합니다.

11

행운을 불러오는 함사 팔찌 완성.

XXX
Macrame

Chapter

3

/

가죽으로 만드는
시크한 팔찌

메탈볼 가죽
평매듭 팔찌

Level

★ ★

준비물	끈 길이
가죽끈, 메탈볼 1개	**기둥끈** : 40cm×1 **엮는끈** : 150cm×1 **마무리끈** : 30cm×1
소요시간	사용 계절
30분	봄, 가을, 겨울

01

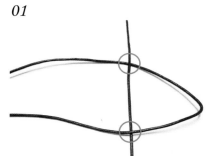

엮는끈 중 위쪽의 1줄은 기둥끈 아래에 놓고
나머지 1줄은 기둥끈 위에 놓습니다.

02

위쪽 엮는끈을 화살표 방향으로 넣고 강하게
당깁니다.

Point
가죽끈은 별도의 접착제를 사용하지 않아도 매듭이
잘 풀리지 않습니다.

03

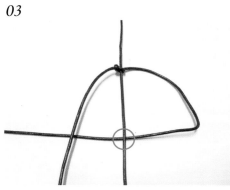

오른쪽 엮는끈을 기둥끈 아래에 놓고 숫자 4의
반대 모양을 만듭니다.

04

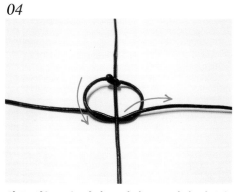

왼쪽 엮는끈을 화살표 방향으로 넣어 매듭을
만듭니다.

05

03~04번 과정을 반복하여 4~5cm 정도 평매듭을 만든 후 기둥끈에 메탈볼을 끼워 넣습니다.

06

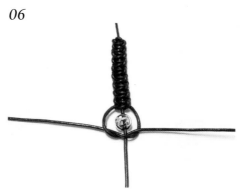

메탈볼 장식을 감싸면서 평매듭을 만듭니다.

07

4~5cm 정도 평매듭을 만든 후 엮는끈만 잘라 정리합니다.

Point

가죽끈으로 만든 매듭은 쉽게 풀리지 않지만 걱정이 된다면 접착제를 발라 더 단단히 고정시켜도 좋습니다. 단, 접착제를 잘못 사용할 경우 가죽이 하얗게 변색될 수 있으니 주의해야 합니다.

08

사진과 같이 기둥끈 밑에 마무리끈을 놓습니다.

09

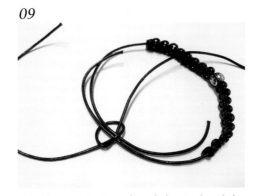

마무리끈으로 2~3cm 정도 평매듭을 만듭니다.

10

남은 마무리끈은 잘라 정리합니다.

11

기둥끈 끝부분을 한매듭으로 묶은 후 잘라 정리합니다. 나머지 한 쪽도 같은 방법으로 정리합니다.

12

메탈볼 가죽 팔찌 완성.

스웨이드
돌려엮기 팔찌

Level

★

Macrame

준비물
스웨이드끈, 노란색 십자수 실,
빈티지 참장식 1개, 마감장식 1개

소요시간
20분

끈 길이
갈색 스웨이드끈 : 40cm×1
노란색 십자수 실 : 30cm×3

사용 계절
봄, 가을, 겨울

01

스웨이드끈 1줄을 반으로 접은 후 고리를 남긴 채 한매듭으로 묶어 줍니다.

02

위쪽에서 6cm 정도 떨어진 곳에 노란색 십자수 실을 놓고 한매듭으로 묶어 줍니다.

03

노란색 십자수 실을 엮는실로 하여 평돌기매듭을 만들겠습니다. 평돌기 매듭은 한쪽으로 만드는 매듭입니다. 20cm 정도 평돌기매듭을 만듭니다.

04

십자수 실을 잡아당깁니다.

05

1.5cm 정도 평돌기매듭을 만듭니다.

06

남은 엮는실을 잘라 정리합니다.

07

첫 번째로 만든 평돌기매듭에서 2.5cm 정도 떨어진 곳에 노란색 십자수 실로 한매듭을 묶어 줍니다.

08

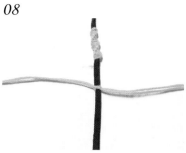

노란색 십자수 실을 잡아당깁니다.

09

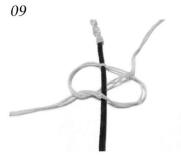

03번 과정과 같이 노란색 십자수 실을 엮는실로 하여 평돌기매듭을 만듭니다.

10

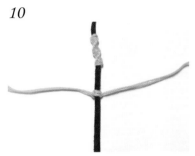

엮는실을 잡아당깁니다.

11

05번 과정과 같이 1.5cm 정도 평돌기매듭을 만든 후 남은 엮는실은 잘라 정리합니다. 동일한 방법으로 평돌기매듭을 1개 더 만듭니다.

12

스웨이드끈을 나란히 놓습니다. 두 번째 평돌기매듭의 맞은편 스웨이드끈에 사진과 같이 펜으로 위치를 표시합니다.

13

표시한 위치를 한매듭으로 묶어 줍니다.

14

강하게 잡아당깁니다.

15

빈티지 참장식을 끼우고 한 번 더 한매듭으로 묶어 고정시킵니다.

16

16 *17*

팔목 둘레에 맞춰 스웨이드끈 2줄을
모아 한매듭으로 묶어 줍니다.

마감장식을 끼워 넣고 한매듭으로 묶
어 고정시킵니다.

18

스웨이드 돌려엮기 팔찌 완성.

양쪽
참장식 팔찌

Level
★★★★★

준비물	끈 길이
검은색 가죽끈, 주황색 햄프끈, 도넛 참장식 12개	**검은색 가죽끈** : 60cm×1 **주황색 햄프끈** : 180cm×1
소요시간	사용 계절
30분	봄, 가을, 겨울

01

가죽끈 1줄을 반으로 접은 후 고리 부분을 남긴 채 한매듭으로 묶어 줍니다. 엮는끈을 매듭 밑에 놓습니다.

02

엮는끈으로 평매듭을 만듭니다.

Point
2개의 매듭을 지어야 1개의 평매듭이 됩니다.

03

평매듭을 4개 더 만들어 줍니다. 오른쪽 엮는 끈에 도넛 참장식을 끼워 넣습니다.

04

도넛 참장식이 중앙에 오지 않도록 주의하며 평매듭을 만듭니다.

05

오른쪽 엮는끈에 도넛 참장식이 끼워진 평매듭
의 모습입니다.

06

평매듭을 1개 더 만들어 줍니다. 왼쪽 엮는끈에
도넛 참장식을 끼워 넣고 평매듭을 만듭니다.

07

왼쪽 엮는끈에 도넛 참장식이 끼워진 평매듭의
모습입니다.

08

팔목 둘레에 맞춰 도넛 참장식을 끼워 넣고 평
매듭을 만듭니다. 도넛 참장식을 전부 끼워 넣
었으면 평매듭을 5개 만듭니다.

09

남은 엮는끈을 잘라 줍니다.

Point

가죽으로 만든 매듭은 잘 풀리지 않습니다. 만약 매듭
이 풀릴까 걱정 된다면 접착제를 발라 더 단단히 고
정시켜도 됩니다. 단 접착제를 많이 발라서 끈의 색이
변하지않도록 주의해야 합니다.

10

기둥끈을 한매듭으로 묶어 줍니다.

11

마감장식을 끼워 넣고 빠지지 않도록 한매듭으로 묶은 후 남은 끈을 잘라 정리합니다.

12

양쪽 참장식 팔찌 완성.

원석
가죽 팔찌

Level
★★★★★

준비물
가죽끈, 원석 31개, 마감장식 1개, 바늘, 낚싯줄

끈 길이
가죽끈 : 100cm×1
낚싯줄 : 150cm×1

소요시간
40분

사용 계절
봄, 여름, 가을, 겨울

01

마감장식의 오목한 부분이 바깥쪽을 향하도록 하여 가죽끈에 끼워 넣습니다.

Point
팔찌 고리의 지름보다 넓은 마감장식을 사용해야 착용할 때 풀리지 않습니다.

02

마감장식을 고정시키기 위해 가죽끈을 한매듭으로 묶습니다.

Point
고리와 매듭의 간격이 넓으면 착용할 때 빠질 수 있으니 고리 밑에 바짝 붙여 묶습니다.

03

낚싯줄을 꿴 바늘을 화살표 방향과 같이 안쪽에서 바깥쪽으로 통과시킵니다. 바늘을 잡아당깁니다.

04

원석을 낚싯줄에 끼워 넣습니다.

05

낚싯줄을 한 바퀴 감아 가죽끈 사이에 원석을 고정시킵니다.

Point
바늘은 처음 가죽끈에 낚싯줄을 꿸 때와 마무리할 때만 사용합니다.

06

동일한 방법으로 원석을 낚싯줄에 끼워 넣습니다.

07

05번 과정과 동일한 방법으로 낚싯줄을 한 바퀴 감아 가죽끈 사이에 원석을 고정시킵니다.

08

한 번 더 사진을 보면서 따라합니다. 원석을 낚싯줄에 끼워 넣습니다.

09

낚싯줄을 한 바퀴 감아 가죽끈 사이에 원석을 고정시킵니다.

10

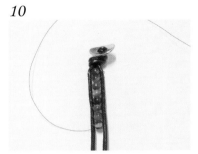

반복하면 낚싯줄이 가죽끈을 둘둘 감은 형태가 됩니다.

11

팔목 둘레 만큼 만듭니다.

12

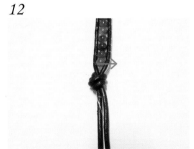

화살표 방향과 같이 오른쪽 가죽끈 안쪽에서 바깥쪽으로 바늘을 꿰어 낚싯줄을 넣은 후 남은 낚싯줄은 잘라 정리합니다.

13

남은 가죽끈을 2cm 정도 간격으로 2~3개 묶습니다.

14

남은 가죽을 잘라 정리한 후 고리에 넣습니다.

Point
고리를 2~3개 정도 만들면 다른 팔찌와 레이어드해서 착용할 때 편리합니다.

원석 가죽 팔찌 완성. 여러 가지 참장식을 이용해서 또다른 분위기의 팔찌를
만들어 보세요.